松井秀喜

篠崎尚夫
Shinozaki Takao

日本経済評論社

はじめに

松井秀喜の父、昌雄がこんなことを書いている。
それは、本書の第4章で言及する、松井の祖母にあたる瑠璃寿《るりじゅ》の「教え」についてである。

　私は自分の子供を呼ぶときにいつも「さん」を付けています。長男の利喜は「としさん」、二男の秀喜は「ひでさん」。さすがに、叱るときは、さんをつけませんが、それ以外は小さいときからずっと、としさん、ひでさんと呼んできました。今もニューヨークの秀喜に電話をかけると、第一声は「ひでさん、元気か」となります。／なぜ、自分の子供に「さん」を付けて呼ぶのかというと、松井瑠璃寿《るりじゅ》という人がこんなことを言ったからです。／「人間は九十歳のお年寄りでも、三歳の子供でも魂は同格です。自分の子供といっても、気をつけて接しないといけません。子供は親のものでなく、神様から授かった預かりものだからです。大事に育てて《ママ》なさい」／魂は同格という考え方が強烈に心に残りました。自分に子供が生まれたとき、その言葉を思い出し、子供を呼び捨てにしないようにしました(1)。

右のような「教え」の下に「育て」られ、世の中に大きく羽ばたき、日本に留まらず、太平洋の向こう側でも活躍した松井。

そんな松井にも、現役選手引退のときは来た。

松井の引退に際し、ねじめ正一が書いた「松井の自制心」（二〇一三年一月一五日）という一文に、私の目は止まった。

そして、「なるほど」と、頷かされた。

「松井選手」について、「心から観る」ことを続けてきた人の文章だからである。

> 松井秀喜が引退した。／松井の引退会見の顔つきは、引退という座布団に大袈裟に乗っからずに、さびしさも悔しさもぐっと飲み込んでヤンキース時代の試合後の囲み取材と同じように淡々とした顔つきであった。／この大物の淡々さは松井がデビューした頃から備わっていたものであった[2]。

松井の自制心の強さにも驚かされた。自分のプライベートはぜったいに見せないのである。

人間というのは生きていれば、しがらみができる。しがらみに縛られて、逆に世間が狭くなっていくことを松井は知っている。ついつい、見せたくないものまでも見せてしまったり、ついついサービスしなくてもいいことまで、サービスしてしまって、誤解を生むことがある。／松井はそのことが一番イヤなのである。／野球選手であるからして、本当は野球以外のことは見せたくないと思っているはずである。松井は余計なものを見せたくないと決めたら、そのことを貫いてきたのである。自制心の強さがある。松井の奥さんがマスコミに姿を見せないのはそのことの証明でもある(3)。

松井が長嶋茂雄さんの巨人監督時代に試合前にマンツーマンで指導を受けたり、長嶋さんの自宅の地下室で、秘密の特訓をしていたという話も松井自身がマスコミに話したことではなく、松井の周りにいる巨人選手から漏れてきたことである。／松井は長嶋さんと二人だけで、特訓をする意味がわかっていたのだ。贔屓の目で見られることを配慮していた。いや、誰よりも長嶋監督に誤解が生じないように配慮して、特訓のことは一切、口にしないことを決めたのだろう。／長嶋さんといえば、松井が大リーグに行こうとしたときに、巨人に残るように説得した。だが、松井の大リーグへの思いの強さがわかると、長嶋さんは巨人慰留の思いをすっと引いて、松井の大リーグの熱意に応えるために、一番の応援者になった(4)。

２００３年、日本人初のワールドシリーズでのホームラン。２００４年、ア・リーグ優勝決定シリーズでの14安打。２００９年、ワールドシリーズＭＶＰ獲得。／日本人として輝かしい記録を打ち立てた素晴らしい野球選手であるが、長嶋さんを愛したプロ野球選手はいっぱいいても、長嶋さんが愛したプロ野球選手は稀である。松井は引退しても幸せ者である[5]。

ねじめ正一が記している「松井秀喜像」は、私にとって、不思議な「存在」であった。ときには、嫉妬さえ感じる「存在」であった。

野球にほとんど興味を持たず、ルールさえ全く理解していない、私の母でさえも、「松井という存在」を常に高く評価していたからだ。

私自身も、テレビに映る「松井の風貌」、そしてその話しぶり等に接し、これが自分より十六も年下の人間なのかと、その「凄さ」に、結局は、ただただ、素直に圧倒されるだけであった。

今から三年ほど前に、いつもお世話になっている恩人から一通の手紙が届いた。その中には、松井に関する新聞記事（その内容については、第1章で扱うことになる）が入っていた。

私は、その内容に、ひどく感動し、それから「松井秀喜」について、調べることを始めた。

というより、本気で考え込むようになった。


この過程で、「思わぬ人物」が、「松井という存在」と関連している、そう感じてきた。

ゆえに、それらの人物についても、考え込むようになってしまった。

そうこうしているうちに、「松井という存在」をきっかけに（中心に）、同心円上に広がる人物群ついても、ずいぶん勉強させてもらっている自分に驚いた。

自分で自分に驚いた。

今、感謝の気持でいっぱいである。


気づいてみれば、私は、「松井という存在」から、五〇代半ばから三年間教えを受け続けたことになる。

後から生まれて来たとはいえ、「先生」である。

「松井先生」である。


まだまだ、「『松井という存在』をきっかけに（中心に）、同心円上に広がる人物群ついて勉強

していくという作業は続く。(6)

が、経過報告は、しなければならない。

そこで、恩人へ「報告」するつもりで、勇気を出し（決意をもって）、本書をしたためた次第である。

注

（1）松井昌雄「わが人生　忘れ得ぬこと」、『北國文華』第四〇号、北國新聞社、二〇〇九年六月、七七～七八頁、傍点は引用者。
（2）ねじめ正一「松井の自制心」、『月刊アクタス臨時増刊号　ありがとう松井秀喜』北國新聞社、二〇一三年一月一五日、四頁、傍点は引用者。
（3）同前、六頁、傍点は引用者。
（4）同前、傍点は引用者。
（5）同前、傍点は引用者。
（6）鶴見和子が次のようなことを書いていたことを想い出した。
現在の勤務先に着任した際（二〇〇一年）に、手にした本である。

今回の作業を通じて、鶴見が伝えようとしていたことが、やっと少しずつ、わかってきたような気がする。感謝したい。

「もともと曼陀羅は、真言宗の世界観を示したもので、大日如来を中心に置き、他の諸仏、諸菩薩が大日如来との関係でそれぞれの位置を占めていることを図で示したものである。南方（熊楠――引用者）はその曼陀羅を、物質的なものであれ精神的なものであれ、ありとあらゆる現象の相関関係を捉える科学方法論のモデルであると解釈しなおしたのである。南方の議論は完璧なものではなかったが、当時だけでなく現代にも通じる論理学および科学方法論の中心課題をついたのである。／南方曼陀羅が科学方法論のモデルとしてきわめて重要であることを示す第二点は、萃点（あつまるところ、又は交差点の意）を強調したことである。胎蔵界曼陀羅と金剛界曼陀羅から成る真言曼陀羅では、大日如来が宇宙の中心にあり、彼自身が宇宙であるとさえみなされている。南方は中心という概念を交差、すなわち最も多くの因果系列が出会うところと解釈しなおしている。彼によると、最も効果的な謎解き（彼は科学を謎解きの方法だと述べている）方法は、まず特定の問題について謎解きをしようとする時、まず、その問題について、もっとも多くの因果系列の鎖が交差しているところを見つけ出し、次に、その問題と関連している出来事の鎖を一つずつ研究していくことであるという。南方曼陀羅は、自然界と人間界の出来事への全体的（ホーリスティック）アプローチをあらわしているのである」（鶴見和子『南方熊楠・萃点の思想——未来のパラダイム転換に向けて——』藤原書店、二〇〇一年、一二六～一二七頁、傍点は引用者）。

目次

第1章　努力できることが、才能である

「偉人伝」に登場した松井

松井秀喜は、既に（二〇〇五年）、「偉人伝」というものに登場している。

小学館の『学習まんが人物館』のうちに登場しているのである。

それは、ケネディ、豊臣秀吉、キューリー夫人、手塚治虫、エジソン、野口英世、ヘレン・ケラー、植村直巳、モーツァルト、本田宗一郎、ローラ・インガルス、宮沢賢治、ファーブル、南方熊楠、アンネ・フランク、円谷英二、ゴッホ、与謝野晶子、ナイチンゲール、高村光太郎・千恵子、マザー・テレサ、ベートーベン、藤子・F・不二雄、津田梅子、サン＝テグジュペリ、ダイアナ、レーナ・マリア、杉原千畝、エリザベス女王、マリー・アントワネット、そして三一番目に松井秀喜という具合に、である。

その後には、ナポレオン、ライト兄弟、コロンブス、ショパン、ガリレオ、シートン、坂本龍馬、ダーウィン、西郷隆盛、徳川家康、ジャンヌ・ダルク、クレオパトラ女王、八田與一、勝海舟、織田信長、スティーブ・ジョブズと続く。

松井は、現代の少年少女にとって、「偉人」なのである。

私が少年時代に読んだ『ケネディ』や『豊臣秀吉』や『キューリー夫人』と同列に、……『松井秀喜』と並んでいるのである。

松井は、この『松井秀喜』の中で（巻末インタビュー）、次々と出てくる少年たちの質問に対し、以下のように答えている。

――どうすれば、プロ野球選手《やきゅうせんしゅ》になれますか？

まず、野球《やきゅう》を好《す》きになること。好《す》きになれば、どんなに苦《くる》しい練習《れんしゅう》にも耐えられる。

僕《ぼく》が中学校《ちゅうがっこう》へ上《あ》がったときも、最初《さいしょ》のうちは、毎日毎日《まいにちまいにち》、ランニングばかりでした。でも、好《す》きな野球《やきゅう》のためならと思うと、そんなに苦《く》にならなかった。／それともう一つ、夢《ゆめ》を持つこと。将来《しょうらい》、どんな選手《せんしゅ》になりたいのか、そういう夢《ゆめ》を持《も》ち続《つづ》けてがんばれば、かならず道《みち》が開《ひら》けてくる。これは野球《やきゅう》にかぎらず、どんな世界《せかい》でも言《い》えることだと思《おも》います。

――どんな練習《れんしゅう》をすればよいですか？

小《ちい》さいときは、あまり型《かた》にはめないことが大切《たいせつ》だと思《おも》います。思《おも》い切《き》って、打《う》つ、走《はし》る、投《な》げる。その中《なか》で、得意《とくい》なものを見《み》つけることができれば、野球《やきゅう》がどんどん好《す》きになる。アメリカに来《き》て感《かん》じることは、子《こ》どももメジャーの選手《せんしゅ》も、自分《じぶん》の特徴《とくちょう》を生《い》かして、それを伸《の》ばそうと練習《れんしゅう》している。そのあたりは、もう少《すこ》し日本《にっぽん》も見習《みなら》う必要《ひつよう》があるかもしれませんね。／ただ、ランニングとキャッチボールは野球《やきゅう》の基本《きほん》ですから、これだけは欠《か》かさず練習《れんしゅう》してください（1）。

――野球《やきゅう》をやめたくなったときはありますか？

まったくありません。どんなスポーツであれ、調子《ちょうし》のいいときもあれば、悪《わる》いときもあります。でも、調子《ちょうし》が悪《わる》いからと、そこであきらめてしまったら、進歩《しんぽ》はないと思《おも》うんです。どうしたら、今《いま》よりよくなれるのか、それを練習《れんしゅう》で克服《こくふく》していく。そうやって、光《ひかり》が見《み》えてきたときの喜《よろこ》びがどれだけ大《おお》きいか、それは続《つづ》けている者《もの》にしかわかりません。／僕《ぼく》だってそうですが、だれだって最初《さいしょ》から上手《じょうず》な人《ひと》なんていない。一歩一歩《いっぽいっぽ》の積《つ》み重《かさ》ねの結果《けっか》、人《ひと》に認《みと》められるようになるのだと思《おも》います（2）。

――ケンカをしたことはありますか？

兄《あに》（4歳上《さいうえ》の利喜《としき》さん）とはよく兄弟《きょうだい》ゲンカをしましたが、学校《がっこう》ではした覚《おぼ》えがありません。よく、いじめられっ子《こ》が僕《ぼく》のところに来《き》たことはあったけど……。すると、いじめっ子《こ》のほうは「マッちゃん（松井選手《まついせんしゅ》のこと）が出《で》てきたんじゃ……」って、引《ひ》き揚《あ》げちゃう。

とにかく、体《からだ》が大《おお》きかったからね。（3）

――メジャーで最高《さいこう》の年俸《ねんぽう》をもらっているロドリゲス選手《せんしゅ》とは、どんな選手《せんしゅ》ですか。

彼《かれ》の能力《のうりょく》は、メジャーの中《なか》でも抜《ぬ》きん出《で》ています。パワーといい、バネといい、また、ボールをバットの芯《しん》でとらえる能力《のうりょく》といい、ケタ違《ちが》いのものを持《も》っている。（中略）そして、何《なに》よりすごいのは一番《いちばん》よく練習《れんしゅう》すること。春《はる》のキャンプでは、だれよりも早《はや》くグラウンドに来《き》て、だれよりも遅《おそ》くまで1人で練習《れんしゅう》している。能力《のうりょく》がある上《うえ》に、だれよりも練習《れんしゅう》しているんですから、活躍《かつやく》するのは当然《とうぜん》です。（4）

――尊敬《そんけい》する人はだれですか？

僕《ぼく》をここまで育《そだ》ててくれた両親《りょうしん》です。子《こ》どもの頃《ころ》から、何《なに》かやりたいことがあると、かならず「自分《じぶん》の好《す》きなようにしなさい」と認《みと》めてくれた父《ちち》と母《はは》。いつも1人《ひとり》の人間《にんげん》として扱《あつか》ってくれました。そんな両親《りょうしん》に感謝《かんしゃ》したいと思っています。（5）

以上、松井と少年たちとのやりとりの中で、当然ながら「好きになれば、どんなに苦しい練習にも耐えられる」、「自分の特徴を生かして、それを伸ばそうと練習している」、「ランニングとキャッチボールは野球の基本ですから、これだけは欠かさず練習してください」、「何よりすごいのは一番よく練習すること」、「だれよりも早くグラウンドに来て、だれよりも遅くまで1人で練習している」、「だれよりも練習している」という言葉がまず目に入る。

「練習」、「練習」、「練習」……なのである。

それから、「夢を持ち続けてがんばれば、かならず道が開けてくる」、「調子が悪いからと、そこであきらめてしまったら、進歩はない」、「それは続けている者にしかわかりません」とも松井は言っている。

「続ける」ということを強調しているのである。

『広告批評』の天野祐吉が、「広告とは『すること』ではなく、『し続けること』なのです」といったようなことを、かつて話していたのを記憶するが、まさに「継続は力なり」（赤尾の豆単）なのである。

どんな時でも、ひたすら「練習を続けること」の効用について、「それは続けている者にしかわかりません」と松井に言われたならば、これは少年たちにとって影響大である。

さらに、「これは野球にかぎらず、どんな世界でも言えることだと思います」とくれば、松井が「偉人伝」に登場するのも無理はない。

そして、「ケンカをしたことはありますか？」という質問に対し、「学校ではした覚えがありません」と答え、「尊敬する人はだれですか？」という質問には「僕をここまで育ててくれた両親です」とし、「いつも1人の人間として扱ってくれました。そんな両親に感謝したい」と続けている。

簡単なようだが、少年たちに向かって（彼らからなされる質問に対して）、このように、素直に（自信をもって真っ直ぐに）答えられる大人が一体どのくらい、今の日本に存在するだろうか。スポーツの世界でさえ、こう不祥事が続いて起こると、つくづく考えさせられてしまう。松井には、国民栄誉賞が贈られている（右の「少年たちとのやりとり」から八年後の二〇一三年に）。

それは、単に野球人、スポーツマンとして偉大な功績を遺したからばかりではなく、「人間松井秀喜」というか、私たちにとっての「松井秀喜という存在」に対して贈られたものだと、そう思いたいのである。

父からの「贈りもの」

「松井秀喜という存在」は、父親が息子に贈った「努力できることが、才能である」という言葉から始まったと思われる。

この言葉について、松井が次のように記しているからだ。

僕が小学校三年のときに、父が、こんなことばを半紙にしたためて僕と兄に渡してくれた。／《努力できることが、才能である》／このことばは、二十年ほど前に、洋画家でもあり陶芸家でもある、硲《はざま》伊之助さんの思い出話を、お弟子さんがNHKのテレビで話していたのを見て、父は感銘を受けて、僕たちに書いてくれたものだった。／テレビの中のお弟子さんの話によると、私に才能があるでしょうかと心配げに尋ねたお弟子さんに対し、硲さんは、『努力できることが才能なんだよ』と答えてくれたことに感動した、ということだった。／硲さんが翻訳した本、『ゴッホの手紙』（岩波文庫）の中で、ゴッホが弟・テオに向けて書いた手紙があった。／「今、モーパッサンの『ピエールとジャン』を読んでいる。（中略）おそらくフローベルの次のことば、〈才能は長い努力の賜物《たまもの》であり、独創性は、強い意志と鋭い観察によってもたらされる〉という意味のことを敷衍《ふえん》（詳しく説明）したかったのだろう」／この手紙から、きっと硲さんは、『努力できることが、才能である』と言い始めたようであると、父が教えてくれた。／僕は、それを父から渡されたとき、何かとても大切なもののように思え、自分の部屋にしっかりと貼り付けて、いつも見ていた。[6]

松井の父昌雄は、東京新聞紙上（「あの人に迫る」）で、次のようなことを話している。

（星稜高校――引用者）入学の年の五月ごろだったでしょうか、同級生の父親にばったり会った時、「秀喜がどうなっているのか知ってんのか？」と怒るように言われた。「すごい打者になっているのに何でもっと見に来ないんだ」と。それである日曜日、練習試合を見に行ったんですが、球場の近くで「四番、ファースト、松井君」というアナウンスが聞こえてきた。もう一人、松井がいるのかと思ったら、秀喜がバッターボックスに立っていて驚いた。／私にすれば、一年生の彼が強豪校で表舞台に立つとはおおよそ思っていなかった。家では試合の話もほとんどゼロ。「どうだった？」と聞いても、「一生懸命頑張った」と言う程度でしたから。こっちもそれ以上のことは聞かないし、まあ慌てて応援に行かなくてもいいかなと思っていた。／星稜では主軸を任され、先輩も疑心暗鬼で見るし、本人もいいのかなと。口にはしなかったけど、葛藤のようなものがあったんじゃないか。ただ、自然と自覚させられた部分もあって、それが彼の野球人生の根幹になったと思う。／秀喜は努力の固まりのようだと言われるが、そういう姿を見たことがない。練習を見せない子でしたから。ただ、中学三年の六月ごろに「硬式のボールを買ってくれ」と言って、確か二ダースほど買い与えた。星稜への進学を決めてから車庫にあるトスマシンを相手に一人でひたすら打ち込んでいた。高校に入ってすぐに打球が大きなネットを越えたのも、マスコットバットを使って、硬式ボールの感覚を半年以上、体にたたき込んでいたわけですから(7)。

星稜高校野球部で、一年生ながら四番を打っていた息子について、「家では試合の話もほとんどゼロ。『どうだった？』と聞いても、『一生懸命頑張った』と言う程度でしたから。こっちもそれ以上のことは聞かないし、まあ慌てて応援に行かなくてもいいかなと思っていた」と語る父親。

この父親は、「秀喜は努力の固まりのようだと言われるが、そういう姿を見たことがない。練習を見せない子でしたから」とも言い、淡々とした感じである。

だが、「星稜への進学を決めてから車庫にあるトスマシンを相手に一人でひたすら打ち込んでいた」ことは知っている（観察している）。

なにか面白い（惹かれる）父親である。

この父親は、記者の「一九九二年、高校三年の夏の甲子園。五打席連続敬遠がありました」という言葉に対しては、次のように応じている。

あの時は私のほうが心配した。試合後、彼は宿に帰り、私たちはバスで石川に。彼に合う接点がなかったけれども、相手チームを非難しないでほしいなと思っていた。ニュースでインタビューを見たんですが、よくこれだけ冷静に淡々と言えるなと。中学や高校の親善試合でもそうだったけど、似たような場面があって、いろんな人に教えられたことが背景にあったんだと思う。／石川に帰ってきた時、秀喜に何と声かけていいか分からないまま車に乗せた。車中は互いに無言ですよ。「大変だったな」「うん」という会話を繰り返して。だけど高速道路を走り出してから、彼が一言、かわいがっていた猫を「お父さん、ナナ元気か?」と言った。この状況でなんで猫の話なんだと。でもこっちも急に楽になったものです(8)。

さらに、記者の「プロではけがとの闘いもあった。逆境にいる息子をどう見ていましたか」という質問には、こう答えている。

一人前になってほしいという思いもあって、巨人時代には感じたことや私の人生訓をファックスしていた。初めてファックスしたのは巨人に入団して二年目。背筋を痛めた時でした。災い転じて福となすという意味の「人間万事塞翁《さいおう》が馬」。この言葉をよく贈った。彼自身もその逆境の中で前を向くという生き方にかなり心が触れたと思う。／逆境を泰然と受け入れられる余裕はなかったでしょう。メジャーの時も、これまで以上の選手になりたいという気持ちで乗り切ってきたと思う。「塞翁が馬」は一喜一憂せず、終わったことは仕方ないので前を向いて進んでほしいという教え。どんな時もそれを繰り返し贈った。それを思い出して少しずつはい上がっていったと思う[9]。

そして、「彼が小学三年の時に、『努力できることが才能である』との言葉を贈られましたね」という記者の質問に対し、父昌雄は非常に興味深い考え方を披露することになる。

> どの言葉も、結局は相手に贈った言葉。相手がそれをどう生かしていくかということを求めているので、私は「こうしなさい」「こうすべきだ」とは言わない。あくまで子供に選択肢を与え、心の土壌をつくる言葉を贈った。だから、子供にも押しつけられた気持はまったくないと思う。／秀喜も後に言っていましたが、「努力できることが才能である」の意味は最初分からなかったけど、半紙に書いてあったから非常に大事なものだと思い、机の前に張ったんだと。私もあえて筆で書いたから心が伝わり、彼にとってはものすごく大事なものをもらったと感じたんでしょう。／常に子供に信号を送り、その信号を子供がキャッチするまで我慢する。子育てはまさにその繰り返し。「父さんはこう思う」という信号は絶対だすべきだ。間違っていてもいい。ただ強制するんじゃない。時間がたてば分かる日が来るし、親はそれだけ待たなきゃいけない。「待つことを知る者は勝つ」。秀喜にその言葉を贈ったこともある。／子育ては親にとっても葛藤。相手の人格を認めるからなおさら。子供は情報や経

験が少ないだけ。自発的に行動を起こすのを待たなきゃいけないから親もつらい。でも親が親になれる[10]。

「どの言葉も、結局は相手に贈った言葉。相手がそれをどう生かしていくかということを求めているので、私は『こうしなさい』『こうすべきだ』とは言わない。あくまで子供に選択肢を与え、心の土壌をつくる言葉を贈った」とは、父昌雄がまさに「木に立って見る」ことのできる「親」であったことを示している。

目前の、若者の成績（学業、スポーツ等）に殊更関心を寄せ、一喜一憂を繰り返す大人たち（実は小人《しょうじん》）が多い昨今、父昌雄は全く違う次元でわが子を観ていた（観察していた）ことになる。

私は、「少年たちに向かって（彼らからなされる質問に対して）、このように、素直に（自信をもって真っ直ぐに）答えられる大人が一体どのくらい、今の日本に存在するだろうか」、「松井には、国民栄誉賞が贈られている。／それは、単に野球人、スポーツマンとして偉大な功績を遺したからばかりではなく、『人間松井秀喜』というか、私たちにとっての『松井秀喜という存在』に対して贈られたものだ……」、と前述した。

が、息子松井にとっては、当たり前なことかもしれないが、「父昌雄の存在」が格段に大きかったのである。

父親から「努力できることが、才能である」と書かれた「半紙」（「贈りもの」）を手渡され、「硲伊之助翁とゴッホのくだり」も教えてもらい、「僕は、それを父から渡されたとき、何かとても大切なもののように思え、自分の部屋にしっかりと貼り付けて、いつも見ていた」という松井。この「半紙」（「贈りもの」）観は、……星稜高校時代、巨人時代、さらにヤンキース時代まで続いていくのである。

この行為こそ、「（何事も大事なのは）『すること』ではなく、『し続けること』」、すなわち「努力できることが、才能である」という言葉（父からの「贈りもの」）そのものといえる。

ゴッホの手紙

松井が先に引用していた硲伊之助訳の『ゴッホの手紙』には、確かに次のように書かれていた。

　いまモーパッサンの〈ピエールとジャン〉を読んでいる。まったく美しい――君は序文をよんだかい、芸術家が小説のなかで自然をより美しく、より単純に、優しくするために誇張して書く権利があると説いている。そしておそらくフローベルの次の言葉、『才能は長い努力の賜物であり』、独創性は強い意志と鋭い観察によって齎らされる、という意味のことを敷衍したかったのだろう[11]。

ゴッホが手紙に書いている「右のくだり」は、モーパッサン『ピエールとジャン』の本文ではなく、序として付された論説、「小説について」(「小説論」)の一節である。

訳者の杉捷夫によれば、「『ピエールとジャン』(*Pierre et Jean*)は一八八七年十二月、一八八八年一月の両月にわたって、『新評論』(*la Nouvelle Revue*)誌上に発表され、更に一八八八年一月七日付の『フィガロ紙』の「文芸付録」にかかげられた「小説論」を序として、一八八八年早々オランドルフ書店から出版されたものである[12]」ということである。

このモーパッサンの「小説について」には、モーパッサンが師フロベール(『ボヴァリー夫人』、『感情教育』等の作者)から教えられたことが書かれている。

ここで、モーパッサンの「小説について」を見てみよう。

その後、フロベールも、ときどき会っているうちに、私に好意を感じてくれるようになった。私は思い切って二、三の試作を彼の手もとまでさし出した。親切に読んでくれて、こう返事をしてくれた。「きみがいま才能を持つようになるかどうか、それは私にはわからない。きみが私のところへ持ってきたものはある程度の頭があることを証明している。だが、若いきみに教えておくが、次の一事を忘れてはいけない。才能とは――ビュフォンの言葉にしたがえば――ながい辛抱にほかならない、ということを。精を出したまえ」／私は精を出した。たびたび彼のところへ出なおして行った。自分が彼の気にいっているということをのみこんだのである。ほかでもない、彼は、笑いながら、私のことをおれの弟子とよぶようになっていた。／七年間、私は詩を書いた。コントを書き、ヌーヴェルを書いた。のみならずわれながら吐きたくなるような劇さえ一つものした。一つも残ってはいない。先生は全部読んでくれた。それから次の日曜日、いっしょに昼飯を食べながら、その批評を展開してくれた。そして、少しずつ、彼のながい辛抱づよい教訓の要約ともいうべき二、三の原理を私の頭のなかへたたきこんでくれた[13]。

まだ無名であった青年モーパッサンが、巨匠フロベールに、試作を読んでもらった。

そのとき、フロベールはまず「きみがいま才能を持つようになるかどうか、それは私にはわからない」と答える。

そして、「きみが私のところへ持ってきたものはある程度の頭があることを証明している。だが、若いきみに教えておくが、次の一事を忘れてはいけない。才能とは――ビュフォンの言葉にしたがえば――ながい辛抱にほかならない、ということを。精を出したまえ」と続けるわけである。

まさに、松井の父昌雄が感銘を受けた「裕伊之助と弟子の話」に通じる。

「私に才能があるでしょうか」と心配げに尋ねる弟子、「努力できることが才能なんだよ」と答える師匠の裕。

『ゴッホの手紙』を翻訳した裕は、確かにフロベールと化した。

フロベール、モーパッサン、ゴッホ、裕とつながっていく。

そして、そのフロベールも「観察」の人、博物学者ビュフォンに通じているのである。

モーパッサンの頭の中に叩き込まれたという「二、三の原理」を観てみよう。

「もしも人が独創的な点を一つ持っているならば、なにをおいてもこれを発展させなければならない。もしも持っていないなら、一つはどうしても手に入れなければならない」たびたび彼はこう言った。／――才能はながい辛抱である――問題は表現しようと思うすべてのものを、だれからも見られず言われもしなかった面を発見するようになるまで、十分ながくまた十分の注意をこめてながめることである。どんなもののなかにも、まだ探求されてない部分というものがある。われわれは自分の観照しているものについてわれわれより以前にすでに人の考えたことをかならず頭においてそれに支配されながら自分の目を使うという習慣になっている、という理由のためである。どんなささいなものでもいくらかの未知の部分をふくんでいる。それを見つけようではないか。燃えている火、野原のなかの一本の木立を描写するのに、その火なり木なりに向って、それが、もはやわれわれにとって、他のいかなる木、いかなる火にも似ていないようになるまで、じっと立っていようではないか。／こういうやり方で、人は独創的になるのである。(14)

「独創的な点を一つ持っているならば、なにをおいてもこれを発展させなければならない。もしも持っていないなら、一つはどうしても手に入れなければならない」、そのためには「問題は表現しようと思うすべてのものを、だれからも見られず言われもしなかった面を発見するようになるまで、十分ながくまた十分の注意をこめてながめることである」という。

　つまり師フロベールが弟子のモーッパサンに伝えたかった「原理」とは、「才能はながい辛抱」の一言に尽きる。

「こういうやり方で、人は独創的になるのである」というが、そもそも「燃えている火、野原のなかの一本の木立を描写するのに、その火なり木なりに向って、それが、もはやわれわれにとって、他のいかなる木、いかなる火にも似ていないようになるまで、じっと立っていようではないか」、そこまで「観察」している「観察者」自身もまた「唯一無二の存在」であることに気づく（実感する）はずだ。

つまり、一方で「才能はながい辛抱」→「燃えている火、野原のなかの一本の木立」―「唯一無二の存在」とつながり、他方で「才能はながい辛抱」→「観察者」―「唯一無二の存在」とつながっていく。

こうして、この「才能はながい辛抱」は、「燃えている火、野原のなかの一本の木立」―「観察者」―「唯一無二の存在」という「三位一体（独創）」を形成するのである。

　この世界には絶対に同一な二粒の砂、二匹の蠅《はえ》、二つの手、二つの鼻、はないという真理を持ちだしたあげく、数行の文句で、ある生物なり品物なりを、はっきりと特殊化するような方法で、同一種なり同一類なりのほかのすべての生物、ほかのすべての品物とはっきり区別するような方法で、言いあらわすことを私に強制した。（中略）それは私がいまここに開陳した観察論と深い関係がある。／言わんと欲することがなんであろうとも、それを言いあらわすには一つの言葉しかない。それを生き生きと躍動させるには、一つの動詞しかなく、その性質を規定するのに一つの形容詞しかない。だから、それが見つかるまで、その言葉を、その動詞を、その形容詞を、探さなければならない。断じていいかげんなところで満足してはならない。困難をさけるために言葉の道化に頼ってはならない。たとえいかにうってつけのものであろうとも、ごまかしに援助を求めてはならない。／ボワロの次の一句を適用することによって最も微妙な事柄をも指示し、言葉にうつすことができる。／置くべき場所に置かれた単語の力を教えた(15)。

右の「ボワロの次の一句を適用することによって最も微妙な事柄をも指示し、言葉にうつすことができる。／置くべき場所に置かれた単語の力を教えた」とは、一七世紀フランスの詩人で、「古典主義の創設者」、「文芸批評の鼻祖」ともいわれたニコラ・ボワロー・デプレオー、この彼が韻文で記した『詩法』（一六七四年）の中にある一節、これを指しているのだろう。

後のデポルト　ベルトーは一層己を慎んだ／遂にマレルブやってきて初めてわが国仏蘭西に詩句の中に正当な律動感を感ぜしめ／置くべき場所に置いた語の力の丈を教えこみ／詩神ミューズを厳格な規則の下に従えた(16)

ビュフォンの「観察」

ビュフォン→フロベール→モーパッサンと伝えられた「才能はながい辛抱である」。

それは→「この世界には絶対に同一な二粒の砂、二匹の蠅、二つの手、二つの鼻、はないという真理」を知るための努力＝「観察」であった。

ビュフォンは、『自然の諸時期』（一七七八年）で、次のように言う。

> 自然は、物質、空間、時間とともに存在するのであるから、その歴史はすべての実体、すべての場所、すべての時代の歴史である。一見したところ、自然の偉大な作品は変質もせず変化も受けず、自然はどれほどもろい一時的な産物においても、たえず同一の姿を見せ続けるように思われる。各瞬間ごとに、自然の最初の原型が、新たな形象のもとに再現されるように思われる。しかし注意深く観察するなら、自然の流れが完全に一様ではないことに気づくであろう。自然は顕著な変動を許し、連続的な変質をこうむり、物質と形態の新たな結合や変化にも身を委ね、結局のところ自然が全体として固定しているように見えるのと同様に、各部分においては変わりうるものであることがわかるであろう。もしわれわれが自然の広がり全体を見渡すならば、こんにちの自然は初めにあったところのもの、時間の連続の中で次々に形づくられたところのものとは大いに異なることは明らかであろう(17)。

「同一」と思われる対象でさえ、「注意深く観察するなら」、今、存在している対象は、「初めにあったところのもの、時間の連続の中で次々に形づくられたところのものとは大いに異なることは明らか」なのである。
一瞬たりとも、「同一」とはいかない。
ビュフォンの「観察の世界」は徹底しているのである。

したがって過去の自然の状態を想像しようとするなら、近年発見されたもろもろの地域、これまで無地のままであった地域へ自然を観察しに行かなければならない。しかしそこに見られる過去の状態も、われわれの大陸が水に覆われ、われわれの平原に魚が住み、われわれの山が岩礁を形成していた時代の状態に比べれば依然として最近のものである。この太古の時代（これとても最初の時代ではなかった）から歴史時代まで、どれほどの変化と異なった状態が継起したことか[18]。

どれほどの事柄が包み隠され、どれほどの事件があとかたもなく忘れ去られ、どれほどの有為転変が人間の記憶以前に起こったことか。現在の事物の状態を知るためだけにも、実に長い間の観察が必要であった。人間の精神にとって三〇〇〇年の文化が必要であった。大地はいまだ完全に発見されてはいない。地球の形状が決定されたのはほんの最近のことでしかない。地球内部の形態の理論にまで手が届き、地球を構成する物質の秩序や配置が明らかにされたのは現代のことでしかない。したがって自然をそれ自身と比較し、現在知られている自然の状態から、より以前の状態の諸時期へとさかのぼるのは、いまこの瞬間からようやく可能になることなのである[19]。

しかしここでは、時間の闇の中に分け入り、現在の事物を観察することによって消滅した事物の往時の状態を知ること、残存する事実だけを用いて埋もれた事実の歴史的真実にさかのぼることが重要である。一言でいえば、現在のみによって比較的新しい過去のみならず、最も古い過去までも判断することが問題なのである。その観点にまで到達するには、われわれはすべての力を結集させる必要があるのであるから、ここで次の三つを主要な手がかりとすることにしよう。すなわち第一に自然の起源にわれわれを近づけてくれる事実、第二に原初の自然の証人と見なされるべき遺物、第三にその後に続く時代の概観を与えてくれる伝承である。そのあとで、われわれは類推によって全体を結び合わせ、時間の階梯の頂点から現代にまで下降する鎖を作りだそうと試みるであろう[20]。

博物学者ビュフォンを援用して、フローベルがモーパッサンに伝えた「才能とはながい辛抱にほかならない」という言葉。

これをモーパッサンの著作から見出し、感動したゴッホ。

ゴッホは直ちに、「才能は長い努力の賜物」、と弟テオ（画商でもあった）への手紙に書きつける、これを後に翻訳した硲伊之助が「努力できることが才能なんだよ」と弟子に語る。

そして、この「想い出」を弟子がNHKテレビで話しているのを視聴した松井の父は、「努力できることが、才能である」と半紙にしたため、松井に手渡す（伝える）こととなる。

ビュフォン、フローベルの「言霊」が、時代や場所を超えて、松井にまで伝わったのである。

直間入り混じった、まさに、「壮大なリレー」となった。

そして、松井の『偉人伝』を読んだ少年少女の誰かが、またバトンを受け継いでゆく……。

この「壮大なリレー」は永久に続く。

人間（人の間）がこの世界から消え去らない限りにおいて……。

注

（1）　松井秀喜「松井秀喜インタビュー――みんなが知りたいことを、松井選手がズバリお答えします！――」、広岡勲原作／山下東七郎まんが／菅谷敦夫シナリオ『小学館版学習まんがスペシャル　松井秀喜』小学館、二〇〇五年、一六六頁、傍点は引用者。
（2）　同前、一六七頁、傍点は引用者。

(3) 同前、一六八頁、傍点は引用者。
(4) 同前、一七〇頁、傍点は引用者。
(5) 同前、一七一頁、傍点は引用者。
(6) 松井秀喜・松井昌雄『翔ぶ——今日より明日——』実業之日本社、二〇〇四年、一三四〜一三五頁、傍点は引用者。
(7) 『東京新聞』朝刊、二〇一三年八月四日、傍点は引用者。
(8) 同前、傍点は引用者。
(9) 同前、傍点は引用者。
(10) 同前、傍点は引用者。
(11) J・v・ゴッホ-ボンゲル編／硲伊之助訳『ゴッホの手紙（テオドル宛）中』岩波書店、一九六一年、三八頁、傍点は引用者。
(12) 杉捷夫「あとがき」、モーパッサン／杉捷夫訳『ピエールとジャン』新潮社、一九七〇年、二四三頁。
(13) モーパッサン「小説について」、同前『ピエールとジャン』二二一〜二二三頁、傍点は引用者。
硲伊之助もこんなことを書いている。

「正確には忘れてしまったが、あるクリスマスの頃、当時ニースに住んでおられたマチス先生と、マルセイユ近くのエスターク海岸の漁師の家を借りて写生に打ち込んでいた私とが、ニース仕立ての汽車でバッタリ顔を合わせたのが縁になって、先生に絵を観てもらうことになった。夜は色がわかりにくいから、正午過ぎに来たまえとの先生の言葉で、一週に一回ぐらい、私は先生のアトリエへ参上するのがならわしになった。今振り返ってみると、このマチス先生との遭遇《ママ》は、この旅行の最大の収穫だったようだ」（硲伊之助「あとがき」、前掲『ゴッホの手紙（テオドル宛）下』二八七頁）。
(14) 同前、二二三頁、傍点は引用者。
「マチス先生」とは、ゴッホに強い影響を受け、フォーヴィスムのリーダーとなったアンリ・マチスのことである。
(15) 同前、二二三〜二二四頁、傍点は引用者。

(16) ボワロー／守屋駿二訳『詩法』人文書院、二〇〇六年、五〇頁、傍点は引用者。
(17) ビュフォン／菅谷暁訳『自然の諸時期』法政大学出版局、一九九四年、二頁、傍点は引用者。
(18) 同前、三頁、傍点は引用者。
(19) 同前、傍点は引用者。
(20) 同前、三〜四頁、傍点は引用者。

第2章　松井、長嶋、そして「ディマジオの道」

長嶋との運命的「出会い」

モーパッサンにおけるフロベールのような存在が、松井にもあった。
松井は、『エキストラ・イニングス――僕の野球論』（二〇一五年）の中で、それを説明している。

プロに入るとコーチ陣が充実していて個人的な指導を受ける機会が増える。まず言葉を発した人の意図と自分の受け止め方が必ずしも同じではないということを頭に入れた方がいい。／打撃や投球の感覚をどんなに説明されても、それは自分とは別の肉体を持つ人が語る言葉だ。互いに自分の肉体を通した感覚しか知らないのだから、言葉も表面的に受け止めて分かった気になると誤解が生じることになる。[1]

「言葉を発した人の意図と自分の受け止め方が必ずしも同じではない」、「それは自分とは別の肉体を持つ人が語る言葉だ」とは、モーパッサンの「小説について（小説論）」に通じるものがある。

例えばタイミングが「早い」と言われたとき、コーチがどの部分を見て、どれくらいの誤差を指摘しているのか。指導者が目を付けている部分を特定した上でその感覚を自分に当てはめないと、意図は理解できない。教え上手という言葉があるが、教わり上手もあると思う。教わる側も力を試されている。／教え上手な人は、自分を選手に置き換えて見られる人だと思う。選手の中に入り込んで球を投げたりバットを振ったりする。つまり頭の中で他人の肉体を使って野球をする。それができれば選手の問題を理解できるが、外から見た目でしか教えられないと「何で分らないんだ」となる。そこがコーチと選手の間の溝となる。／要は互いに相手の視点からものを見ようとする姿勢があれば、意図は伝わるということだ。[2]

「頭の中で他人の肉体を使って野球をする」、「要は互いに相手の視点からものを見ようとする姿勢があれば、意図は伝わる」、いわば「観察の世界」、ひいては「三位一体の世界」、こうした「世界」に踏み込んだ「教える側と教わる側の関係」は、まさに「モーパッサンとフロベールの関係」といえる。

> 僕はプロ入りまで特別な打撃指導を受けたことがなかった。ボールをよく見るとかフォローを大きくするとか一般的なことを聞いて練習しただけだった。／中学時代の軟式野球から高校の硬式への移行もすんなりとできた。高校に入学して初めて硬球を打った日にことごとくフェンスを越えたほどで、「やっぱり硬球っていいな。こんなに飛ぶんだ」とその時は思った。／普段は誰も柵越えを打てないフェンスだったと知ったのは後になってからだった。そんな感じだったから、細かい指導を受ける機会もないままプロになってしまった[3]。

既述のごとく、松井は、星稜高校への進学を決めた中三の六月ごろから、父昌雄に買ってもらった二ダースほどの硬式ボールを、車庫にあるトスマシン相手に、マスコットバットで、一人黙々と打ちこんでいたような少年である。

つまり、松井は、「硬式ボールの感覚」というものを高校入学前の半年以上にわたって体にたたき込んでいた（準備していた）ような、そういう少年であった、ということを忘れてはならない。

そのような少年だったからこそ、松井には、「運命の出会い」、いわば「モーパッサンとフロベールの関係」同様の「師弟関係」、これを結べる相手が突如、天から舞い降りて来たのである。

その相手が、「長嶋茂雄」だった。

一対一の指導という意味では巨人での長嶋茂雄監督が初めてだった。高校3年間でそれなりの経験をし、打撃に対する知識もある程度ついた。その段階で初めて技術指導を受けたことには大きな意味があった。／受けた指導と自分の感覚とのすり合わせができるレベルに達したところで、最高の指導者の下へ送り込まれたわけだ。アマチュア時代の細かい指導で伸びる選手もいるだろうが、僕の場合はこれが最高のタイミングだった。／監督の意図することはすぐに分かった。必ずしも高い要求に応えられたわけではないが、求めを理解できなかったことはない。それは長嶋監督が僕の中に入り込み、僕の視点から打撃を追求していたからだろう。別世界に入り込んだような表情で僕のスイングを見つめていた監督は、松井秀喜という選手に同化して一緒にバットを振っていたのだと思う。(4)

「一対一の指導という意味では巨人での長嶋茂雄監督が初めてだった」、「受けた指導と自分の感覚とのすり合わせができるレベルに達したところで、最高の指導者の下へ送り込まれたわけだ」、「監督の意図することはすぐに分かった」、「求めを理解できなかったことはない」、「長嶋監督が僕の中に入り込み、僕の視点から打撃を追求していたからだろう」、「監督は、松井秀喜という選手に同化して一緒にバットを振っていたのだ」とは、実に凄い「師弟関係」である。

このような「長嶋－松井の師弟関係」について、長嶋の息子一茂が、次のようなことを語っている。

　ヤクルトの一年目にはキャンプに父が来て指導してくれたこともあった。父は自分の中で理屈とか理論を固めている人だから、独特の感性を指導で伝えることは難しい。職人の技を盗むことが大変なことと一緒で、僕には理解不能なことがずいぶんありました。父の指導が合ったのは松井秀喜さんですね。父の言っていることがわかったのでしょう。いまだに電話があって、どうして、こうしてと聞くわけですよ。天才同士分かっているものなんですね[5]。

最後の「天才同士分かっているものなんですね」の、「天才同士」という言葉を、短絡的に「天才イメージ」で終わらせてはならない。

まさに、「努力できることが、才能である」ということを真に理解しているもの同士、と捉えておくべきであろう。

松井は、単に「打撃」、「野球技術」を、長嶋から教えられたわけではない。「野球＝人生」観というものを植え付けられたのである。

逆にいえば、松井には長嶋の「野球＝人生」観を受容するだけの素養があったということにもなる。

「ディマジオ」の登場

松井は、『信念を貫く』（二〇一〇年）の中で、次のようなことを書いている。

ヤンキースへの移籍直後の僕は、メジャー流に反して毎日出場していたわけです。しかし、連続出場を続けることは、元をただせば、実はメジャー流なのです。ややこしい言い方になりますが、僕は日本にいたときから大リーガーのスピリットを注入されていて、だからこそ試合に出続けたのです。それを教えてくれたのは、長嶋茂雄監督でした。／巨人に入団した一九九三年から二〇〇一年までの九年間、長嶋監督のもとでプレーしました。長嶋監督に褒められた覚えがなく、いつも厳しい指導を受けました。監督のご自宅やホテルの一室で、素振りをしながら色々と教わりました。／そのひとつに「毎日試合に出ろ」というものがありました。[6]

「僕は日本にいたときから大リーガーのスピリットを注入されていて、だからこそ試合に出続けたのです。それを教えてくれたのは、長嶋茂雄監督でした」と言う松井。

素振りをしながら教わった「毎日試合に出ろ」、これは直ぐに松井に響いた。

王貞治さんと長嶋さん、いわゆるONはオープン戦であっても、ほとんどの試合に出場したそうです。多くのファンはONを見に球場に来ます。もしも、どちらかが不在だったら、どれだけ落胆するか分かりません。／「いいか、みんなが松井を見にくるんだ。そういうファンをガッカリさせてはいけない。巨人の中心選手には、そういう役割もあるんだ」／みんなが僕を見にくるかどうかは別として、長嶋監督が言うことは非常によく分かりました。僕の故郷、石川県にはプロ野球球団がありません。だから試合が見たいと思えば、名古屋や大阪まで出ていきます。（中略）当日、何時間も電車に乗って球場へ向かいます。ようやくスタンドの椅子に腰を下ろしたら、お目当ての選手が休んでいたのでは、どれだけガッカリするでしょうか。[7]

「いいか、みんなが松井を見にくるんだ。そういうファンをガッカリさせてはいけない。巨人の中心選手には、そういう役割もあるんだ」という長嶋の教えに、自らの経験（過去の想い）から「当日、何時間も電車に乗って球場へ向かいます。ようやくスタンドの椅子に腰を下ろしたら、お目当ての選手が休んでいたのでは、どれだけガッカリするでしょうか」と響く松井。

そして、「毎日試合に出ろ」の原点へと、松井はたどり着く。

この原点には、「全力プレー」という含みがあることに気づく。

長嶋監督の話には、ＯＮだけでなく、ジョー・ディマジオも出てきました。ヤンキースの伝説に残る名選手で、人気も絶大だったスーパースターです。紳士的な立ち振る舞いと、常に全力プレーでファンを沸かせたといいます。（中略）監督によれば、引退前のディマジオは左かかとを痛めて手術を受け、松葉杖なしでは歩けなかった時もあるなど、苦しんだそうです。そんな状況にあっても全力プレーを続けたといいます。（中略）どうして大差で勝っている試合でも、負けている試合でも全力プレーをするのか。その理由を問われたディマジオは、「観客の中には僕のプレーを初めて見る人がいるかもしれないだろう」と答えたそうです。[8]

長嶋の恩師

松井に「大リーグ（メジャー）」を意識させ、「ディマジオ」を伝えた長嶋。

長嶋自身、「大リーグ」や「ディマジオ」について、本格的に知るようになったのは、千葉県立佐倉第一高校（現佐倉高校）を卒業後、立教大学の野球部に入部してからであった。

それは、当時の砂押邦信立教大学野球部監督との「伝説のマンツーマン特訓」によってもたらされたものであった。

ちょうど、松井が星稜高校を卒業し、巨人に入団、長嶋にマンツーマンで鍛えられるようになった年齢（一八歳）と重なる。

長嶋は、『野球は人生そのものだ』（二〇〇九年）の中で、次のように述べている。

　立大在学中から冗談ではなく本気で米大リーグに行きたいと思っていた。／砂押監督が真顔で言う。／「君は今ね、いろいろ各球団のオーナー、社長あたりからぜひうちにという話があるが、君は日本じゃなくメジャーに行っても十分にやれるだけの力、体力、技術を一年半近くやってきたつもりだ。だから君はメジャーに行くべきだ」／砂押監督からアメリカでやれと言われて僕は有頂天になってしまった(9)。

(砂押監督が——引用者)バットの振り出しはこういうスタイルで、フィニッシュはこの選手を真似ようとか。特にディマジオの連続写真を見せて、/「こういう風にステップして、こうバットスイングして角度はこうだろう。それを支えるヒザと腰の使い方はこうやるんだよ(10)」

また、砂押元監督も、インタビューで、次のような話をしている。

——メジャーの選手を例に指導されたとか。

砂押　バッティングでは、米国大リーグの選手の連続写真を撮ってもらって、それを参考にした。当時、連続写真は珍しかった。それを見ると、米国のバッティングは、ボールを引きつけて、腰を回転させてフルスイングするバッティングなんですよ。それを長嶋に教えていたのです。

——今も長嶋さんはジョー・ディマジオの写真を読売新聞の専務室に飾っています。

砂押　ああ、そうですか。ディマジオはすごいというのですよ。日本の選手は、手先で打つけれども、腰でバッティングしなければダメだ。軸足を乗せて、そして腰で上体を回転させる。

――当時、ほかの監督は、大リーグの最新情報などは参考にしていないでしょう。

砂押　ええ、あの時代はね。しかし、私はそういうのを見て勉強して、日本の選手に教えられないかと常に思っていました。ほかの人は、ただ大リーグの選手はうまいんだ、と格好だけを見ているから。なぜ、ああいう風にうまいのか、なぜああいう風にしなやかなスライディングができるのか？　当時は大リーグに関する雑誌などありません。朝日の記者の先輩の好村三郎さん（当時の朝日新聞運動部長、立教大野球部ＯＢ――引用者）に特別に頼んで写真をとってもらった[11]。

そして、「響き」について、砂押は言う。
まさに「響き」が大事なのである。

――長嶋さんは「立教時代に砂押先生が全部、僕をつくってくれたから、三年生の時には、プロの世界に行ってももう大丈夫だと思った」と言っています。

砂押　ああ、そうですか。とにかくなんと言っても人を惹きつける野球をする人間ですよ。

そうでなきゃダメですよ。私が響きを感じた選手なんですから、そういう人間はそういません。だからああいう時代が一番懐かしいですね。大リーガーの話や技術論は、ほかの選手にも教えたのですが、素質のない選手には言っても分からない（笑い）。そういう響きのある選手と一緒に、全身全霊で野球に打ち込めたのは幸せですね。だから野球を絶ってから未練がないのです。(12)

この「響きのある選手と一緒に、全身全霊で野球に打ち込めた」という砂押の言葉は、長嶋と松井の関係にも、より強く、それこそ響いてくる。「モーパッサンとフロベールの関係」なのである。

松井の「ディマジオ」観

ジョー・ディマジオは、「紳士的な立ち振る舞いと、常に全力プレーでファンを沸かせた」、「大差で勝っている試合でも、負けている試合でも全力プレーをする」、そうディマジオは誠実な「全力プレーの人」であった。

後に触れるように、長嶋は「日本のディマジオ」たらんとした。

同様に、松井も「現代版ディマジオ」たらんとしたのである。

松井は、長嶋から聞かされた「ディマジオ」について、ヘミングウェイの『老人と海』の一節を引用しながら、次のように記している。

> アーネスト・ヘミングウェイの名作『老人と海』に、こんな一節が出てきます。老人は大海でたった独り、命をかけて巨大な魚と格闘します。体が傷付き、疲れきったときにディマジオを思い浮かべます。／「だが、自信をもたなくてはいけない。大ディマジオは踵に骨の蹴爪ができたのに、それをこらえて勝負を最後までやりぬく男だ。おれだって負けちゃいられない」／「しかし、きょうのおれには大ディマジオだって頭をさげるだろうな。そりゃ、踵はなんでもないさ。けど、手と背中の傷はひどかった」（福田恆存訳＝新潮文庫）／老人が苦しいとき、ディマジオの姿が勇気を奮い立たせてくれたのです。／ディマジオという選手が、この時代の人々にどう思われていたのか理解できるような気がします。／僕もこの老人と同じ気持ちでいます。僕だって負けてはいられません。まだまだディマジオの実力には遠く及びませんが、まずそのスピリットから受け継いでいきたいと思っているのです[13]。

主人公の老人は、海の上、孤独で巨大魚と闘っている、「自然」と闘っているのである。

それは、自ずと然り、自らと闘っている、といえる。

自分と、自らの限界と、闘っているということである。

闘い続けているのである、命がけで、命を使って……。

まさに、老人は、使命を果たさんとしているのである。

「使命を果たす」、何のために。

「漁師であること」のために。

「漁師」というものが、老人にとって、「職」だからである。

「大海でたった独り、命をかけて巨大な魚と格闘します。体が傷付き、疲れきったときにディマジオを思い浮かべます」、そして、「ディマジオという選手が、この時代の人々にどう思われていたのか理解できるような気がします」という松井の記述で、私にもヘミングウェイが『老人と海』で訴えたかったことが理解できたような気がする。

松井は、ディマジオやこの老人のように、自身の「職」というものに対する「思い」というものをしっかりと確立させているがゆえ、直ちにヘミングウェイの意図を捉えることができたのではないか。

私は「大事なこと」を松井から教えられた、感謝したい。

老人が苦しい時にディマジオを思い出したように、もしもファンの方が「松井だって頑張っているんだから」と思ってくれたら、プロ野球選手として幸せに感じます。／僕がプレーするモチベーションというのは、純粋に「勝ちたい」、「いいプレーをしたい」というところにあります。決して自分からファンへメッセージを発信しようと思ってプレーしているわけではありません。人の心は、動かそうと思って動かせるものではありませんから。／それでも、チームが勝つために戦っている僕の姿を見て、ファンの方が何かを感じてくださるならば、素直にうれしいと思います。もしも「松井だって頑張っているんだからオレも」と思っていただけたとすれば、プロ選手として最高の幸せと言っていいかもしれません。[14]

巨人時代から、病気と闘う人と会う機会が何度もありました。小さな体で難病と闘う子供と出会ったこともあります。僕のグッズで埋まった病室で「松井さんのホームランを見ると頑張ろうと思えます」と言われました。／僕は医者ではないから、病気を治してあげることはできません。僕にできるのは、全力でプレーすることだけです。チームが勝つため、一生懸命にプレーをするしかありません。／調子が悪いとき、ヒットが出ないとき、そして膝が痛いときもあります。心の中に、弱い自分が現れるときもあります。／そんなとき、僕のプレーを励みにしてくれる人を思い出すことで、もうひと踏ん張りできます。僕はファンの方々から大きな力を頂いています[15]。

『老人と海』の老人は、ディマジオから力をもらいました。でも、ディマジオも、こういう人の存在から力をもらっていたのではないでしょうか。伝説の大選手の心情を勝手に想像するのは僭越《せんえつ》ですが、自分の経験から考えると、僕はそのように思うのです。／僕はこれからも、膝の痛みと闘いながら選手生活を送っていくことになるでしょう。よくなっていくと信じていますが、思うように動かない日も出てくると思います。それでも全力でプレーする姿勢だけは決して失わずに精進していくつもりです。そんな僕の姿を見て「松井だって頑張っている」と思ってくれる方がいれば、うれしく思います。そういう人の存在が、また僕の力になってくれるのです[16]。

右の松井の言葉は、見事である。

松井は、「人の心は動かそうと思って動かせるものではない」と言い、自らできることは「全力プレー」のみとしている。

加えて、「膝が痛いときもあります。心の中に、弱い自分が現れるときもあります」といったような、「素直な告白」もしている。

ただし、松井は「そんなとき、僕のプレーを励みにしてくれる人を思い出す」と続けている。
それは、「『老人と海』の老人は、ディマジオから力をもらいました。でも、ディマジオも、こういう人の存在から力をもらっていたのではないでしょうか」、そのように、松井には考えられたからである。

松井は、「『松井だって頑張っている』と思ってくれる方がいれば、うれしく思います。そういう人の存在が、また僕の力になってくれるのです」と、自らをディマジオに置き換える努力を忘れないのである（＝努力できることが、才能である）。

そして、「存在」とは、あらゆる意味で、「力」なのである。

それを、私は、「松井という存在」に教えてもらった。

ヘミングウェイの『老人と海』

『老人と海』冒頭部での、少年と老人による会話。

それは、野球の話であり、ヤンキースの話となり、当然のごとくディマジオにつながっていく。

「そうしよう。きのうの新聞があったっけ、野球の記事でも読んでいよう」／きのうの新聞

> というのも作りごとかどうか、少年にはわからない。が、老人はそれらしいものをベッドの下から取ってきた。／「ボデガ（スペイン語＝酒屋――翻訳者）でペリコからもらったんだ」と老人は説明した。／「鰯がとれたら帰ってくるよ。お爺さんのもぼくのも、一緒に氷の上にのっけておこう。朝になってから分ければいい。帰ってきたら野球の話をきかせておくれ」／「ヤンキーズの勝ちにきまってるさ」／「でも、クリーブランド・インディアンズがいるから、油断できないよ」／「ヤンキーズを信じるこった。大ディマジオがいるじゃないか(17)」

老人は、「ヤンキーズを信じるこった。大ディマジオがいるじゃないか」と、自分に言い聞かせるように、少年に語りかけているのである。

そこには、自分が再び出漁したなら、一番に心配するであろう少年を前に、敢えて自らを鼓舞する老人の姿があった。

> 「野球の話をしておくれよ」と少年はせがむようにいった。／「アメリカン・リーグじゃ、やっぱりヤンキースが一番さ」と老人は楽しそうに答えた。／「でも、きょうは負けたよ」少年は老人に教えるようにいった。／「なんでもないさ、大ディマジオはすぐ調子をとりもどすよ」（中略）「おれは大ディマジオを漁に連れだしたかったんだ。なんでも、親父は漁師

だったっていうじゃないか。きっと貧乏だったんだな、おれたちのように。だから、ものがわかるはずだ(18)」

老人にとって、ディマジオは「偉大なる同志」といえた。
そう、少年とともに。
そして、老人は漁に出た。
少年には内緒で、独り大海へと。
それは、まさに「戦い」であり、「闘い」となった。
「巨大な魚」との「戦い」は、やがて「自分」との「闘い」となったのである。
偉大なディマジオの「ストリーク（streak 連続試合ヒット）」と同様に……。

老人はすっかり疲れきっていた。もうすぐ日が暮れることがかれにはわかっていた。で、なにかほかのことを考えようと努める。かれは大リーグのことを考えた。いや、かれにはスペイン語のグラン・リガスということばのほうが親しみぶかい。かれは思いだす、きょうはニューヨーク・ヤンキーズとデトロイト・ティグレスとの試合がおこなわれているはずだ。／フェゴ（スペイン語＝試合――翻訳者）の結果がわからなくなってから、きょうで二日目だ、とかれは思った。だが、自信をもたなくてはいけない。大ディマジオは踵《かかと》に骨の蹴爪ができたのに、それをこらえて勝負を最後までやりぬく男だ。おれだって負けちゃいられない(19)。

「だが、自信をもたなくてはいけない。大ディマジオは踵《かかと》に骨の蹴爪ができたのに、それをこらえて勝負を最後までやりぬく男だ。おれだって負けちゃいられない」とは、松井が引用した部分である。

「踵《かかと》に骨の蹴爪」、ディマジオはこの負傷に長く悩まされつづけた。

しかし、決してあきらめなかった。

人陰で足を引きずりながらも、決してあきらめなかった。

ディマジオは、「勝負を最後までやりぬく男」であり続けたのだ。

松井は、自らの「膝の故障」と重ね合わせたことであろう。

松井の師、長嶋も「ネバーギブアップ」という言葉を好み、ディマジオのごとく「勝負を最後までやりぬく男」であろうとした（努力した）。

ところで、大ディマジオだって、いまのおれほど、気ながに魚につきあえると思うかね？

なるほど、できるかもしれない。おれより若くて元気だから、もっとがんばれるかもしれない。それに、やつの親父は漁師だった。けれど、踵に蹴爪ができたら、参っちまうかな？／「そりゃ、わからない」とかれは急に大きな声を出した、「おれには蹴爪なんてできたことがないからな」[20]

「鉛筆がなくちゃだめだ。まだ頭がへんだぞ。しかし、きょうのおれには大ディマジオだって頭をさげるだろうな。そりゃ、踵《かかと》はなんでもないさ。けど、手と背中の傷はひどかった」骨の蹴爪ってどんなものなんだろう、と老人は考えこむ。[21]

老人の「闘い」は続く。

右の「しかし、きょうのおれには大ディマジオだって頭をさげるだろうな。そりゃ、踵はなんでもないさ。けど、手と背中の傷はひどかった」、これも松井の引用した部分である。

一日、一日、状況が緊迫する中で「闘い」は続く、「ストリーク」は尽きない。

松井は、どんな思いで、読んだことであろうか。

そういえば、大ディマジオは、おれが鮫の脳天をやっつけた、あのみごとなやり口を認めてくれるかな？　もちろん威張れたことじゃないさ。あんなことは、だれだってできる。でもさ、あんたは、おれの手が、骨の蹴爪《けづめ》とおなじぐらい大きなハンディキャップを背負わされていたことは知っているだろう？(22)

同じく「闘い」を知る者、同志ディマジオのことを、老人は思う。

「お前は漁師に生れついたんだ、魚が魚に生れついてるようにな。聖ペドロも漁師だった。大ディマジオの親父とおんなじだ(23)」。

老人は、「職」というものに、つくづく「天命」というものを感じるのだった（「天職」観）。

ともすると、周りの人々から疎んじられかねない、ドン・キホーテのごとき、この老人。

この「老人」を、「少年」は心から尊敬していた。

それは、老人の「天職観」に、少年は響くものを感じとっていたからであろう。

「老人という存在」そのものに、その大きな響きを感じとっていたのである。

「生き方」を感じとっていたのである。

松井は、『老人と海』を読み、「老人」に長嶋像を観て、「老人」を心から尊敬し慕う「少年」

に自身の像を観たこともあったのではないか、私にはそう思えてならない。
つまり、「ディマジオ－老人－少年」の組合せが、「ディマジオ－長嶋－松井」の組合せと重なる。

長嶋の「想い」

長嶋は、自らの「想い」をこう振り返っている。

若いころから一度は野球の聖地へ行って思う存分プレーをしてみたいという夢があった。「プロ入りしたときから、私の目は大リーグに向いていました。日本のプロ野球なんてメじゃない。大リーガーとしてプレーしたいって……。そんなことを口にしたら大変なことになるんで、だれにもいいませんでしたが、腹の中ではいつもそう思っていたんです」／私が『東京読売巨人軍五十年史』に書いたことだからウソはない。／当時の選手のなかで大リーグを目指す気持ちが人一倍あって、私は立教の時代からメジャーに憧れていた。練習もメジャーの野球のイメージをもってやっていた。／砂押監督の指導法は、打撃理論だけではない。守備のステップやグラブさばきまで実に合理的で、アメリカの野球を徹底的に研究し最先端技術を導入していた。／ヤンキースで強打の外野手として名をはせたジョー・ディマジオ、名捕手ヨギ・ベラなどを引き合いに指導してくれた。メジャーのサンプルを全部僕に教える[24]。

「私は立教の時代からメジャーに憧れていた。練習もメジャーの野球のイメージをもってやっていた」と長嶋は断言する。

そして、「鬼の砂押」、「ディマジオ」の名が直ぐに出てくる。

猛烈に鍛えられた。大学一、二年の伸び盛りにみっちりたたき込んでくれたことがよかった。だからその教えは体の隅々に沁みたのだと思う。プロに身を投じてこれが、すべて生きた。／この砂押さんから技術論だけでなく野球に対する考え方も教わった。確かにメジャーの選手はバッティングにしてもピッチングにしても個性的だ。それを強調して、／「長嶋はもうすぐプロに行くだろう。これからの若い世代は、メジャーを見習わなくてはいけない。それは個性の重視だ。プロにいっても君はどういうプレーヤーになりたいのか、お客さんに評価される自分の野球のスタイルを自分でつくることだ。プロに入団したら監督、コーチがいるが、最終的には自分の力でスタイルをつくるしかない。それがメジャーのやり方なのだ」／あの時代にこんなことをいう監督がほかにいただろうか[25]。

猛練習の末、「砂押の教え」は体の隅々に沁み込んだ。
長嶋が言う「砂押の教え」とは、打撃、守備、走塁等に関わる「技術論」というより、それらの形（現象）をすべて含んだ上で、「野球」を「職」とした場合の「本質論」の伝授であったといえまいか。

私はその時、ヤンキースのジョー・ディマジオの大ファンだったので、彼のスチール写真だとか、バッティングの連続写真をいつも見ていた。あのディマジオでさえ全力疾走を怠らない。ギブアップしない。どんなにワンサイドで負けていても最後の最後までプレーヤーとしての使命を果たす。これがメジャーの選手なんだ。ファインプレーばかりがメジャーじゃない。そういうメンタル的な面もプロである以上は大切だと教わった。／砂押さんは一九四〇年代から五〇年代のあの輝ける時代の大リーグを勉強、吸収した監督だ。今のように衛星放送で間近に見て、だれもが憧れることができる時代とは全く違う。時代を先取りした一人だろう。／巨人に入団したらメジャー流の野球をやるつもりだった。／僕は日本のディマジオを貫こうとした(26)。

砂押から長嶋への「『野球』を『職』とした場合の『本質論』の伝授」とは、「あのディマジオでさえ全力疾走を怠らない。ギブアップしない。どんなにワンサイドで負けていても最後の最後までプレーヤーとしての使命を果たす」ということに行き着く。

それゆえ、「僕は日本のディマジオを貫こうとした」わけである。

> 砂押監督から、いろいろ話を聞くうちに、この右バッターのとりこになった。／ディマジオはヒューマニティーあふれ、打ってよし、守ってよし、走ってよしで、強固なメンタリティーも素晴らしい。三拍子も四拍子もそろった右バッターになろうとずいぶんと刺激を受けた。（中略）神宮の杜での戦いは、アマチュアの戦いだが、僕のメンタルな部分、心の状態はもうすでにプロ的だった。そのよしあしは別としてほかの人とは違っていた。プロとは表現力、観客に感動を抱かせる、それがプロたるものの使命であり、姿勢である。そんな風に考え、大学三年のときからプロに行ったら、こういうプレーをしてやると、自分の生き方も含めすでに固めていた[27]。

長嶋にとって「（相手校との）戦い」は、奇異に感じるかもしれないが、先の「老人」と同様、「ディマジオ」を意識した、既に「職」としての「（天に通じる自らとの）闘い」となっていたのだ。

村松友視の「長嶋→松井」観

村松友視の『七割の憂鬱――松井秀喜とは何か――』はとても参考になった

それは、「背番号55の松井」を、「世界の王（貞治）二世」ではなく、「長嶋の後継者」とはっきり見做している、ところにある。

まず、そもそも「長嶋茂雄」とは何か、である。

> 昭和三十二年の十二月に、立教大学の長嶋茂雄三塁手の巨人入団が決定し、日本のプロ野球界の風向きが一変した。（中略）私は、立教時代の長嶋茂雄選手が気になっていて、自分は慶応の入試を受けるつもりなのに、野球については立教を応援していた。六大学野球の秋のリーグ戦の慶立戦で、長嶋選手が慶応の林投手から大ファウルを左翼スタンドに打ち込んで観客に溜息をもらさせ、今度は本当のホームランを打ち直して、通算八本本塁打の新記録を樹立したときなど、親戚の家の白黒テレビ画面に拍手をおくったものだった。[28]

確かに、長嶋は、前述のごとく、「神宮の杜」で既に「職」としての野球を「闘」っていたのであろう。

当然のことだが、プロ野球の世界に入れば、なおさら長嶋による「職」としての野球の「闘い」には、いよいよ磨きがかかってくる。

> とりわけ、翌三十三年の開幕戦での金田投手に四連続三振を喫した打席が、私の目を長嶋選手に釘づけにした。そして、三振の魅力ってあるんだな、と思った。／さらに、この年の日本シリーズの最終戦のある場面で、私はプロ野球には長嶋茂雄ひとりいればいいという気分にさせられたのだった。／それは、巨人が三連勝しながら四連敗し、〝三原魔術〟〝神サマ仏サマ稲尾サマ〟などの言葉を生んだ、伝説の日本シリーズだった。[29]

昭和三十三年十月生まれの私なので、右のテレビ中継を見られたはずもないが、「長嶋の四連続三振デビュー」については、物心ついた頃から知っていた。

私の父親は、野球にほとんど興味をもっていなかったものの、なぜか「長嶋選手は、明るく、楽しく、元気がよい」と言いながら、何度も「その話（三振の魅力）」を聞かせてくれたからである。

だが、伝説の日本シリーズでの、次に示すような「シーン」については、恥ずかしながら、全く「私たち父子」は理解していなかったと言っていい。

村松の記述に、私は惹きつけられた。

何しろ、びっくりした、長嶋には。

そして、村松の観察眼にもびっくりした。

　三連勝から三連敗……最終戦のいきおいは完全に西鉄にあり、一方的といってよい試合展開となった。もはや勝ち目がなくなった九回表、長嶋はランナーなしで打席に立った。長嶋の打球はセンター右をおそい、西鉄センター高倉選手がダッシュしたが、一歩およばず球は転々右中間……このあいだに一塁から二塁、二塁から三塁、三塁から本塁へと韋駄天のごとく走った長嶋選手は、ホームベースにものすごいスライディングを敢行した。そして、ユニフォームの土をかるく払う素振りを見せながら、ガッツポーズなどはもちろんせず、表情をひとつもくずさぬまま、ベンチへむかった[30]。

試合（戦い）は決していた。

が、「闘い」はこれからであった。

長嶋は無心に打ち、走り、滑り込んだ。

普通にあっては（表面上では）、決して察することのできない「内面に貼り付いた生活態度（生き方）」からすべてが表出されるかのように、打ち、走り、滑り込んだのである。
これが「全力プレー」というものである。

握手で迎える味方選手は誰もおらず、チームメイトはこの光景を、茫然とながめている。相手の西鉄のメンバーもまた、動揺を見せるでもなく、ただ呆然と長嶋のスライディングをながめているのみだ。そして問題は、長嶋がホームへ突入したさい、センターからの返球はまだ内野に返っただけで、受けた内野手にもホームで走者の長嶋を刺す構えは何もなかったことだ。したがって、キャッチャーは本塁ベースを死守する姿勢どころか、次の打者との対戦の打合せをするかのようにピッチャーにゆっくりと歩みより、ふり返って長嶋選手の足がベースを踏むのをちらりと確認しただけだった。／すなわち、長嶋選手は守るものが誰もいないホームベースへ、それほどやるかというくらいの激しいスライディングをやって見せたのだった[31]。

「球場」という大海の中にあって、長嶋は「独り」であった。
『老人と海』の「老人」のように、独り「闘」っていた、自ら（天）と闘っていたのだ。

「ディマジオ」の姿が、大きく浮かび上がって来る。

> ただ、高校の友人の家のテレビでそのシーンを見た私は、長嶋選手による無駄とも思えるそのスライディングに、ざわざわするものをおぼえた。それはホームランへの感動といったものとはちがい、血が逆流するような得体の知れぬ魂のゆさぶりだった。（中略）／これは、スーパースターの何かに対する、私の細胞の震えかもしれぬという気がする。天才の破格性に、何か分らぬままにゆさぶられている、そんな状態であるのかもしれなかった。／そして、あのスライディングによって、私の中に長嶋茂雄という選手が棲みついてしまったのだった。(32)

村松の記した「スーパースター」という字面を見ると、劇団四季の『ジーザス・クライスト＝スーパースター』が私の頭に浮かんできてしまった。

確かに、長嶋は、日本球界の「クライスト（Christ　救世主）」となった。

そして、十字を背負い続けて来た。

馬鹿げているかもしれないが、ディマジオが「FATHER（神）」で、長嶋が「SON（イエス）」、松井が「SPIRIT（精霊）」の三位一体説。

私は、今、そんな「気」になっている。

村松は、この「スーパースター＝救世主」に関し、歌舞伎十八番の「暫」を持ってくる。さすがである。

歌舞伎十八番の「暫《しばらく》」という舞台を見て、「あらゆる伝統は、最初のところは前衛だった」と気づいたのも、松井秀喜という〝王道〟をあるいてきたと言われる存在に、じっと目を凝らしつづけた結果だった[33]。

右の「あらゆる伝統は、最初のところは前衛だった」とは、例えば、イエス（Jesus）によってもたらされたキリスト教（Christianity）もはじめはユダヤ教の「前衛」であったが、やがて「王道」を征き（世界宗教のひとつと化し）、「伝統」宗教となったことをも想起させまいか。

「暫」は、初代市川團十郎が初演し、九代市川團十郎が脚本の定型を完成させたと言われる、歌舞伎における古典の大人気演目だ。／これは、歌舞伎の中心をあるいてきた代々の市川家の御家芸であり、いわば〝王道〟の演目だ。／公卿の悪人が家来に命じて、善人たちを殺そうとしているとき、「しばらく」と声をかけて、揚幕から超人的な豪傑の主人公が登場して善人たちを救うのだが、この男の扮装がすごい。「角前髪《すみまえがみ》の鬘《かつら》に、紅の筋隈《すじぐま》、柿色の長素袍《ながすおう》、

> 大太刀」という派手なこしらえで、異状に大きい両袖を後見が持ち上げるから、これがのっしのっしと歩く姿が何に似ているかといえば、タラバ蟹か。／とにかく、現代のデザイン感覚からは想像もつかぬ、異様な姿かたちだ。〝歌舞伎とは傾《かぶ》き〟とはよく言ったものだと感服させられる、一気に観客の心をつかんでしまうエキセントリックなイメージなのだ。[34]

「暫」、すなわち歌舞伎宗家の御家芸（王道の演目）は、「エキセントリックなイメージ（タラバ蟹）」と村松は言うわけである。

そして、「一気に観客の心をつかんでしまう」のである。

> その舞台が、一六九二年とかいわれる、今から三百年以上も前につくられて、伝統として今日に伝わっている。／こういう伝統が古典芸能にはいくつもあり、後世の者は代々このつくられたかたちを守り、脈々と踏襲してゆくのだが、伝統の源を考えれば、前例を破壊する驚天動地ともいえる前衛だったというわけだ。[35]

「伝統の源を考えれば、前例を破壊する驚天動地ともいえる前衛だった」とは、至言である。

巨人軍は、正統色、伝統色のつよいセントラル・リーグの中の〝正統〟〝伝統〟つまり王道の旗印を、ずっとかかげてきた。巨人・大鵬・タマゴ焼き、である。／だが、その巨人軍の奥をのぞいてみると、多くの異端的な選手がその時どきに輩出されており、その代表が長嶋茂雄というスーパースターだ。長嶋茂雄という選手は巨人軍という王道を担いながら、「暫」の主人公的な、論理御無用の破壊性と前衛性を、比類ない輝やきとともに放っていた。／長嶋茂雄の顕在化した破壊性、前衛性が、松井秀喜に感染し、体内に潜伏している……というのが私の診断だ。松井秀喜は、王道の佇いの奥に、破壊性や前衛性を息づかせており、この要素がメジャーリーグ挑戦をみちびき出したにちがいない。その段階で、松井秀喜の王道性と、前衛性・破壊性の配合ぐあいは五分五分になったと、私は見立てている。／このあたりが、王道一辺倒や異端一辺倒とちがうところで、伝統性と前衛性、王道と破壊性、正統と異端性を合わせ持っているからこそのスーパースターなのである。[36]

右の「松井秀喜は、王道の佇いの奥に、破壊性や前衛性を息づかせており、この要素がメジャーリーグ挑戦をみちびき出したにちがいない」、まさにそのとおりかもしれない。

松井の「決断の姿」は、ファンの多くにとって、「前例を破壊する驚天動地ともいえる前衛」と映ったことであろう。

「巨人の不動の四番」が、海外流出するというのであるから……。

それは、「野茂投手やイチロー……等」といった流れと同様に、「松井のメジャー挑戦」を論じるわけにはいかない、ということだろう。

そして、「松井のメジャー挑戦」を（形式上、一応）遺留したとされる長嶋（監督）自身が、一番、その「挑戦（破壊）」を喜んだに違いない。

なぜなら、長嶋は、自らすすんで、「メジャーで通用する松井」を育てていたはずだからである。長嶋は、松井と出会った瞬間（入団交渉の時点で）、松井に「ディマジオの道」を歩かせよう、そう決めていたのだ。

伝統を守り、王道ゆく、正統性とは、何か。

それは、前衛的な破壊力をもった、当初、異端とも映る「スーパースター」ということなのだろう。

「ディマジオの死」から見えてくるもの

松井は、ヘミングウェイの『老人と海』に関連させて、「老人が苦しいとき、ディマジオの姿が勇気を奮い立たせてくれたのです。ディマジオという選手が、この時代の人々にどう思われていたのか理解できるような気がします。僕もこの老人と同じ気持ちでいます。僕だって負けてはいられません。まだまだディマジオの実力には遠く及びませんが、まずそのスピリットから受け継いでいきたい」と書いていた。

長嶋は、「僕は日本のディマジオを貫こうとした」と言い、弟子の松井にも「ディマジオの道」を歩かせようとした。

ディマジオの道、ディマジオの魅力……

「ディマジオ」とは、「何者」であったのか。

繰り返しになるが、松井は、「ディマジオ」について、「老人が苦しいとき、ディマジオの姿が勇気を奮い立たせてくれたのです。／ディマジオという選手が、この時代の人々にどう思われていたのか理解できるような気がします」と書いていた。

このことを考えるには、つまり、アメリカ人にとっての「ディマジオという存在」を知るには、ヘンリー・キッシンジャーが記した「ディマジオの死」（ディマジオは一九九九年三月八日に、数え八五歳で亡くなっている）に関わる一文が参考になろう。

あのキッシンジャーが、モリス・エンゲルバーグとマーヴ・シュナイダー共著の『ジョー・ディマジオ』に、「緒言」として寄せたものである。

次に掲げる。

緒言

ジョー・ディマジオに魅せられたのは、この国で暮らし始めて一年もたたない頃、私が十六歳になったばかりのときだった。／一九三八年に、両親、弟とともに私はニューヨークにやってきた。日ごとに脅威を増すナチス・ドイツを脱してきたのだった。アッパー・マンハッタンのワシントン・ハイツにはドイツ系ユダヤ人を収容する施設があった。私は公立のハイスクールに通うことになった。だが、不景気で苛酷な時代、言葉が違う人間にとって、生きていくのはなおさら困難な状況だった。翌年、従兄弟の髭剃りブラシ工場で働くために、私は夜学に通うようになった。／仕事仲間の大半はイタリア系アメリカ人だった。彼らはベースボールという名前のゲームの熱烈なファンで、とりわけジョー・ディマジオという名のプレーヤーに夢中だった。／ドイツではスポーツの大ファンだったが、アメリカの新しい生活は未知のもので、ベースボールは名前すら知らなかった。（中略）ある日曜日、仲間のひとりがヤンキー・スタジアムのダブルヘッダーに行こうと誘った。五十五セントの外野席だったので、ホームプレートで何をやっているのかよく分からなかったが、偉大なディマジオは十分に見ることができた。／優雅なボールさばき、左翼に深く打ち上げるフライに私は目を見張った。心を奪われた。以来、私は熱烈なファンとなり、ホームでヤンキース戦がある日曜日はいつも、我がヒーローの魔術を見るために、四十五分の道のりを歩いてスタジアムまで出かけた。心はアメリカ人になっていた。帰化局の人間の眼にはそうは映らなかったかもしれないが。（中略）／その死は親しい友を失ったという個人的な深い悲しみだけにとどまらない。スポーツヒーローを失ったアメリカもまた、哀しんでいる。／ジョーは二世代にわたる若者たちに教えてくれた。ベストをつくすこと、スポーツマンらしく、その結果を受けとめることの素晴らしさを、そして明日またがんばろう、ということを。／私もそれを教えてもらったひとりである。

元米国国務長官　ヘンリー・A・キッシンジャー[37]

「一九三八年」、「ナチス・ドイツを脱して」、「ドイツ系ユダヤ人を収容する施設」、「髭剃りブラシ工場で働くために、私は夜学に通う」、「仕事仲間の大半はイタリア系アメリカ人」といった一見暗い（不景気、貧困、戦争を連想させる）文字面《もじづら》がまず目に飛び込む。

しかし、「我がヒーローの魔術を見るために、四十五分の道のりを歩いてスタジアムまで出かけた。心はアメリカ人になっていた」、といったようなトーンに変わっていく。

「若き日のキッシンジャー」は、ただ単に苦難の連続（毎日）であったわけではなかったのである。

キッシンジャーは、知ったばかりの「野球」というスポーツを介して、「ディマジオ」という「スーパースター（救世主）」の中に、自らの「希望」を見出していたのである。

それゆえ、最後のところで、「ジョーは二世代にわたる若者たちに教えてくれた。ベストをつくすこと、スポーツマンらしく、その結果を受けとめることの素晴らしさを、そして明日またがんばろう、ということを。／私もそれを教えてもらったひとりである」と締め括っているのである。

ディマジオが二世代にわたって教えてくれた三つのポイント、それは、①まず「ベストをつくす」、次いで②しっかりと「その結果を受け止める」、③そして結果はどんなものであれ「明日またがんばろう」ということである。

どのような「職」に就こうとも、すべてに通じる「教え」である。

生き方そのもの、人生そのものである。

「ニクソン外交」の立役者、キッシンジャーが、色々と考えを巡らした際にも、右の「教え」は、大きな励みとなったことであろう。

当時のアメリカ人にとって、「ディマジオという存在」は、そういうものであったのだ。

私たちにとっての「長嶋という存在」、それ以降の比較的若い世代にとっての「松井という存在」が、当然のごとく、浮かんでくる。

さらにもう一つ、「ディマジオの死」に関連し、「ディマジオという存在」を知る上で、大変興味をひく弔意文がある。

それは、ポール・サイモンのものである。

サイモン&ガーファンクルによって、『ミセス・ロビンソン』がリリースされたのは、一九六八年のことであった。

ダスティン・ホフマン主演映画、『卒業』（一九六七年）の挿入歌でもあった。

この『ミセス・ロビンソン』の歌詞には、「ディマジオ」が登場してくる。

作詞をしたサイモンは、「ディマジオの死」に際し、「沈黙のスーパースター」（一九九九年）と題して、次のように述べている。

30年前に私が『ミセス・ロビンソン』を作詞していなかったら、球界の伝説的人物ジョー・ディマジオについての私の意見などに、誰も関心を示さないだろう。「どこへ行ってしまったんだい、ジョー・ディマジオ……」というあの歌詞が、名選手ジョー・ディマジオをうたい、それによって米国人の偶像としての彼の位置を高めることになったのだ。[38]

『ミセス・ロビンソン』には、面白いエピソードがある。

サイモンは、それを回想する。

『ミセス・ロビンソン』が、ポップスのヒットチャート第1位に輝いた数年後、あるイタリアン・レストランで食事をしていた時、偶然店内で友人たちと一緒のディマジオの姿を見つけた。彼があの歌に怒って、訴訟を考えていると聞いていたから、いささか不安だったが、彼の席へ行って、例の歌の作者ですと自己紹介した。心配するにはおよばなかった。彼はじつに温かい人で、私を座らせるなり、私たち2人に共通する唯一の話題、あの歌について話を始めたのである。／「分からないね」と彼は言った。「なぜ君が、ぼくがどこへ行ってしまったのかと、あの歌で問いかけたのかだ。ぼくは消えてなんかいない。ミスター・コーヒーのコマーシャルに出たばかりだし、今だってバワリー貯蓄銀行の宣伝をしている。どこにも行っちゃいないよ」。私はこう説明した。歌詞通りのことが言いたかったわけではなくて、あなたを米国のヒーローだと思っていて、今では本物のヒーローが少なくなっているということを歌いたかった。彼は納得し、私に礼を言った。私たちは握手をして、別れた。[39]

「今では本物のヒーローが少なくなっている」、このサイモンの言葉は重い。

「本物のヒーロー」、これはなかなか存在しない。

彗星のごとく現れ、そして消えていく一時的なヒーローはたくさん一時的に存在する。

だが、「本物のヒーロー」は、単なる流行であってはならない。

彗星であってはならないのだ。

サイモンの言う「本物のヒーロー」とは、まさに「スーパースター」を意味するのだ。

巨星として輝き続ける「スーパースター」のことなのである。

それは、前述した「救世主」の役割を担うもの。

サイモンは、「ディマジオ」という「存在」に、そういった「想い」（過去）と「思い」（未来）を、ディマジオの死に至るまで、（現在進行形で）ずっと持ち続けていたのである。


　今、彼の死を受けとめながら、私はあの時言ったことについて思いをめぐらしている。そう、彼は文化的な偶像で、英雄だった。だが彼は、私の父の青春時代の英雄だ。第2次世界大戦中に活躍し、その野球人生はベーブ・ルースやルー・ゲーリッグの時代に始まり、ミッキー・マントルの出現によって幕を閉じた。／1950〜1960年代、ディマジオは米国の価値観の象徴だった。優秀な選手で、よく体の痛みをこらえてプレーした。気品と、純粋な心と、球場外での威厳と、厳重にガードされた私生活を感じさせた。元妻マリリン・モンローの死を嘆き悲しみ、毎週、彼女の墓に生花を送ったという。それでも、米国で最も有名で神経質な女性の一人と結婚した男として、人前でもマスコミでも、彼女のことは語らなかった。沈黙の力をよく知っていたのだ。／因習を打破し、幻覚に酔い、権威に楯突いた60年代とは正反対な彼だった(40)。

一九四〇年代のディマジオは、野球の英雄（ヒーロー）だった。

それが一九五〇～一九六〇年代にかけては、「ディマジオ」として、「米国の価値観の象徴」となった、とサイモンは言うのである。

「因習を打破し、幻覚に酔い、権威に楯突いた60年代とは正反対な彼だった」というところに、「ディマジオ」という「救世主」＝「スーパースター」像が、「ディマジオ」という存在が浮かんでくる。

だからこそ、私の歌詞の隠れた意味を感じとったのだと思う。心から出た詞だという事実、人々が長年にわたって英雄を切望してきたという事実は、文化の潜在意識下の願望に訴えかける。／英雄の特質が、たいてい歪曲されたものだと知りながら、なぜ私たちは英雄を求めるのか？　細かく調べてみれば、実は英雄も狭量でエゴにとりつかれた人間なのだ。分かっているけれど、それでも私たちは神聖な存在を求める。エルビス・プレスリーやダイアナ妃やジョン・レノンがそうだったように、神格化はしばしば人の命を奪う。／そうと知りながら、私たちは神格化する。対象者がまだ生きているときでさえ、名声と偶像崇拝がその人を傷付ける。ディマジオは、ディマジオであるがゆえに苦しんだにちがいない。／私たちが悪気もないのに相手を神格化し傷付けてしまうのは、神話と寓話のとりこになっているからだ。イタリア移民の漁師の息子が、サンフランシスコで貧しい少年時代を送り、当時の最も偉大な野球選手となって、米国の〝女神〟と結婚、そして自分の伝説や偉大さを自分の発言や行いで汚すことは絶対にしない。ディマジオの死のもっと大きな意味とは何だろう？　彼は本当の英雄なのか？[41]

サイモンは、「ディマジオの死」の意味を問うて、ここで、「ミセス・ロビンソン」の歌詞を掲げる。

日曜の午後、ソファーでくつろいだり

選挙の候補者の討論会に出かける……
笑いなさい、はやしたてよう
あなたが選らばなくちゃならないときには
どう見たって、あなたの負けだ
どこへ行ってしまったんだい、ジョー・ディマジオ？
国民はあなたがいなくなって、寂しげだよ
何んて言ったんだい、ミセス・ロビンソン
強打のジョーはとうの昔に行ってしまったのさ(42)

そして、最後に、「ディマジオの死」の意味、その重大さを、二一世紀に入らんとする（一九九三年現在の）アメリカに生きる、自分自身が再確認するかのように、素直にサイモンは綴る。

大統領が私生活で逸脱し、謝罪し、インタビューが放映される昨今、私たちはジョー・ディマジオを思って悲しみにくれる。そして彼の気品と威厳、私生活に対する彼の強烈な意識、妻の思い出や自らの沈黙の力に対する彼の誠実さが失われたことを嘆くのだ(43)。

ジョー・ディマジオ（一九一四年生まれ）は、一九九九年三月八日にこの世を去った。

「ディマジオ」が消えてしまったのである。

この「ディマジオの死」が、「ディマジオという存在」を、「ディマジオ」とは一体何者であったのか、よく教えてくれた気がする。

長嶋が、そして松井が目指した（否、今も歩んでいる）「ディマジオの道」というものが、さらに観えてきたような気がするのである。

二〇一六年現在の日本、それこそプロ野球界で燦然と輝いた元「スター選手」の失墜を、元大学助教授でテレビ討論番組の元「スター論客」であった現職知事の「貧相な疑惑」などを目にするとき、「スター」ではなく「スーパースター」の存在を希《のぞ》む。

巨星として輝き続けてくれる「スーパースターという存在」を希むのである。

それは、まさに私たちにとって、ある意味「救世主となる存在」なのかもしれない。

私たちまでの世代は、それを長嶋に求めてきた。

それは、基本的に、幸せだった。

それは、比較的、健全だったように想う。

そして、それ以降の世代は、きっと松井に求めることになるだろう。

そう思う。

注

(1) 松井秀喜『エキストラ・イニングス——僕の野球論』文藝春秋、二〇一五年、四三頁、傍点は引用者。
(2) 同前、四四頁、傍点は引用者。
(3) 同前、四五頁、傍点は引用者。
(4) 同前、四五〜四六頁、傍点は引用者。
(5) 長嶋一茂「〈インタビュー〉巨人軍代表特別補佐・長嶋一茂が語る父・長嶋茂雄」、長嶋茂雄『野球は人生そのものだ』日本経済新聞出版社、二〇〇九年、三一二〜三一三頁、傍点は引用者。
(6) 松井秀喜『信念を貫く』新潮社、二〇一〇年、八一〜八二頁、傍点は引用者。
(7) 同前、八二頁、傍点は引用者。
(8) 同前、八三頁、傍点は引用者。

松井は、二〇一二年一二月二七日に行われた「ニューヨークでの引退会見」において、次のようなことを言っている。

「一〇年前にメジャーに挑戦するときに命がけでプレーし、メジャーという場で力を発揮できるようこの一〇年間やってきましたが、やはり結果が出なくなったということで、その命がけのプレーもここで一つの終わりを迎えたのではないかと思っています。/僕の野球人生を振り返りますと、北陸の本当に小さな町で生まれ育ち、そこで野球を始め、地元の高校に進学しまして小さな頃からの目標だった高校野球で甲子園に出るという目標を達成することができました。そこで注目していただき、高校三年生のときに巨人からドラフト一位で指名していただき、長嶋監督にくじを引いていただき入団するというすごく光栄なことだったと思います。／そして巨人で長嶋監督に出会い、毎日のように二人きりで指導していただき、その日々がその後の僕の野球人生にとって本当に大きな礎になったと思っています。その出会いは僕にとって本当に大きなものでしたし、長嶋監督には感謝しても、し尽くせないくらいの気持ちで一杯です。そして巨人の一〇年間で三度の日本一になることができ、大変幸せな充実した時間を過ごさせていただきました。／僕がセンターにコンバートされるときに、長嶋監督から〝ジョー・ディマジオのような選手を目指せ〟というふうな言葉をいただきました。当時の僕はジョー・ディマジオの名前は知っていましたが、ヤンキースというチームはどのようなチームなのか、ぼんやりとしたイメージしかありませんでした。その言葉がずっと頭の中に残り、一九九九年のオフだったと思うのですが、その年は日本シリーズに進出することができず、ちょっと時間ができてニューヨークでヤンキースの試合を一回でいいから見たいと思って（米国へ）きました。そこで見たものが僕にとっては大きな運命だった気がします」（『月刊アクタス臨時増刊号　ありがとう松井秀喜』北國新聞社、二〇一三年一月一五日、九頁、傍点は引用者）。

(9) 長嶋茂雄『野球は人生そのものだ』日本経済新聞社、二〇〇九年、六六～六七頁、傍点は引用者。

(10) 同前、六八頁、傍点は引用者。

(11) 砂押邦信「〈インタビュー〉立教大での恩師・砂押邦信が語る野球人・長嶋茂雄」、同前長嶋『野球は人生そのものだ』、八六～八七頁、傍点は引用者。

(12) 同前、八八頁、傍点は引用者。

砂押について、次のような二つの雑誌記事を見つけた。

一つは、「立教二十年振りの優勝」についてものである。

「**砂押**　私、監督になつた當時の立教のチームの実力というものは、他校に比して非常に劣つているという感じがしたのです。そこで他校との差を縮めようということが私の考えであつた。まず基礎をつくるということを重點に置いてやつて來たのです。

河合（君次――引用者）砂押君が監督になつたころから立教のチームに一つのいい流れができたようにぼくら

は感じている。それは要するに小手先の器用な技術だけではいけない。ベースボールをほんとうに肚から認識して、球にぶつかって行こうという気持が、どこかに流れている感じがあったのですね」(「座談会　立教二十年振りの優勝をたたえて」、『ベースボール・マガジン』第八巻第九号、ベースボール・マガジン社、一九五三年七月、一〇七頁、傍点は引用者)。

そして、もう一つは、あの「砂押監督排斥事件」にも触れている。

「『監督のストーブ・リーグ』といわれたほど、監督の座をめぐって目まぐるしい動きを見せた今冬のストーブ・リーグは、セ・リーグだけで、四人もの新監督を生んだが、その一人が国鉄の砂押である。／砂押といえば、多少とも野球に興味を持つ人の間では、スパルタ式猛練習と選手作りの名人として名が高い。特に、昭和二十六年から三十年春までの、立教大学監督時代の徹底的な鍛えぶりは、長嶋、杉浦、大沢、矢頭、本屋敷らを生み、その後に続く六大学リーグ戦四連覇をなしとげる基盤を作った。／それまでお坊っちゃん的な、比較的おとなしいチーム・カラーであった立大野球部としては、まさに砂押は、異色の存在で、当時の若い部員達には、砂押は『鬼に見えた』そうだ。／あまりシボられるので、当時の大沢ら最上級生達が先頭に立って砂押反対のデモをやったのが効を奏し、ついに砂押は、その位置を追われてしまった。／この事件は、当時『スパルタ式訓練は是か非か』ということで、かなりの話題になったものだが、今日の長嶋や杉浦が『砂押さんに鍛えられたのが、役立っている』と語っているところを見ると、長い眼で見れば、追い出された砂押の勝、むしろハクをつけた形となった」(「人物ピントグラス　気骨の最年少監督――国鉄スワローズ・砂押邦信――」、『日本』新春号、講談社、一九六一年二月、六九頁傍点は引用者)というものである。

(13) 前掲松井『信念を貫く』八四～八五頁、傍点は引用者。

松井の「ディマジオという選手が、この時代の人々にどう思われていたのか」について、次のマイケル・シーデルによる「ストリーク記録」の説明が参考になる。

「偉大なストリーク（連続試合ヒット）記録はベースボールという競技自体を理想的に凝縮したものと言える。

ストリークには集中力と持続力の極限が集約されている。ふつうなら、途切れ途切れに出ればいいとされるヒットが毎試合飛び出す。一試合一試合記録を積み重ねていく過程は、氷河の動きのようにゆっくりしたものだが、記録がかかった重大な瞬間は電光さながらのスピードで訪れる。高まる期待、緊張、スリル、そして充足感――ストリークの日々は独特のリズムを生み出し、ベースボールにかかわるすべてのものを巻き込み、人々の心を魅了する。一選手が連続試合ヒット記録を伸ばしていくには、英雄伝の勇者に匹敵するような、並外れた力が必要となる。来る日も来る日も気力を奮い起こし、使い果たすことを繰り返していく、その粘り強さには想像を絶するものがある。／球史を飾る連続記録は数々あるが、一九四一年五月一五日の午後、もやのかかったニューヨークに始まり、七月一七日のうっとうしい夏の夜にクリーブランドで幕を閉じた、ジョー・ディマジオの五六試合連続ヒットほど劇的なもの、すさまじい熱狂を巻き起こしたものはほかに類を見ない。これほど人々の記憶に残る記録がほかにあるだろうか」（マイケル・シーデル／池井優監修／柴田裕之訳『ディマジオの奇跡』宝島社、一九九四年、七頁、傍点は引用者）。

(14) 同前、八五～八六頁、傍点は引用者。

(15) 同前、八六頁、傍点は引用者。

(16) 同前、八七頁、傍点は引用者。

(17) ヘミングウェイ／福田恆在訳『老人と海』新潮文庫、一九八〇年、一一二～一一三頁、傍点は引用者。

(18) 同前、一一六～一一七頁、傍点は引用者。

(19) 同前、六二二頁、傍点は引用者。

(20) 同前、傍点は引用者。

(21) 同前、八八頁、傍点は引用者。

(22) 同前、九四頁、傍点は引用者。

(23) 同前、九六頁、傍点は引用者。

(24) 前掲長嶋『野球は人生そのものだ』六四頁、傍点は引用者。

(25) 同前、六五頁、傍点は引用者。
(26) 同前、六五～六六頁、傍点は引用者。
(27) 同前、七一頁、傍点は引用者。
(28) 村松友視『七割の憂鬱――松井秀喜とは何か――』小学館、二〇〇九年、八～九頁、傍点は引用者。
(29) 同前、九頁、傍点は引用者。
(30) 同前、一〇頁、傍点は引用者。
(31) 同前、傍点は引用者。
(32) 同前、一一頁、傍点は引用者。
(33) 同前、一八七～一八八頁、傍点は引用者。
(34) 同前、一八八頁、傍点は引用者。
(35) 同前、傍点は引用者。
(36) 同前、一八九頁、傍点は引用者。
(37) モリス・エンゲルバーグ、マーヴ・シュナイダー／井上篤夫訳『ジョー・ディマジオ』ネコ・パブリッシング、二〇〇三年、二～四頁、傍点は引用者。

ディマジオの自伝を読むと、キッシンジャーとダブるところを感じる。

「私は一九一四年十一月二十五日、カリフォルニア州のマーチネッツに生まれた。だが私の最初の記憶によみがえるのは、生い立ちの地であるサンフランシスコの磯魚の香だ。一家の生計を立てたものは一艘の漁船で、父はこれに乗って、かに漁を営んでいた。私たちは釣りの手伝いをするか、船を掃除するかのどちらかを選ばねばならなかった。／子供のころはさほど野球が好きではなかったが、それでも父の釣りの手伝いをしたり船の掃除をするよりはましなので、私は始終胃が弱いからかんべんしてくれといういいわけを使って父から逃れようとした」（ジョー・ディマジオ／内村祐之訳『ヤンキースの華――ジョー・ディマジオ自伝――』ベースボール・マガジン社、一九七八年、四四頁、傍点は引用者）。

「私は町中のあちこちの場所を友達と一緒に野球をして歩いて、なるたけ父の手伝いをさせられないように苦心した。なぜなら、寝台の下にもぐりこんで隠れていても、釣りに連れだされるのを逃れることはできないとわかったからだ。私は始終父に、船の匂いをかぐと気分が悪くなるといってきかなかったので、父もついには私のいい分を信じるようになった。父の眼には、私はどうしたってよい猟夫にはなれないと見えたのだろうし、結局はものにならない子供と映ったようである。／父はその頃野球を好いていなかった。『靴とズボンがたくさんいりすぎるよ』というのが、父がこの国技を形容する言葉であった。さしもたくさんのお古も、われわれ兄弟が野球で活躍してすりへらす靴や、破いてくる服を補充できなくなったからである。父の趣味はボッシ――これはイタリア語で、訳せばLawri bowl――であった。／このころの私にとって、野球は家や漁の雑用から逃れるための手段にすぎなかったから、父が私を船で働かせるのを断念してからは、もう波止場のわきの砂原で野球をする必要もなくなり、今度は新聞売りを始めた。（中略）父が何といったにせよ、私は怠惰ゆえに漁船で働くのをいやがったのではなかった。私は少しでも家計を助けたいと熱心に考えて、中には一日しかもたないものもあったが、ありとあらゆる仕事を見つけては運だめしをしてみた」（同右、四五～四六頁、傍点は引用者）。

ディマジオは、『百万人の野球』という本も書いていた。

少年たちに対する、ディマジオの真の「優しさ」が窺える。

「アメリカに於いては、野球と國民生活は切り離して考えることが出來ない程密接に結びついてしまつている。アメリカでは、男女の別、身體の強弱、貧富、勤惰の如何を問わず野球の經驗のある者、現にやつている者、將來やろうと思つている者ばかりであり、そうでない者は何れも、球場へひいきのチームを應援に出掛けるか、スポーツ・ニュースを貪り讀んだり、ラヂオに噛りつく様な大のフアンである」（ジョー・ディマジオ／ビクター・ベルウッド訳／若林忠志校閲『百万人の野球』ホーム・ジャーナル社、一九四九年、一頁、傍点は引用者）。

「十六歳以下のプレーヤーは野球の目的が娯樂及び健全なる運動としてする所にあり、且つ、健全なるプレーの根本原則を習得する所にあるということを決して忘れてはならない」(同前、一二三頁、傍点は引用者)。

「大リーグの選手になろうという大きな希望は成程結構に違いない。然し、ジョー・マッカーシーも云う通り、野心だけでは大リーグの選手になれない。野心と共にそれにふさわしい技能を必要とするのである。それ故、是非大リーグの選手になりたいが、自分にはその素質がないという事に早く氣付いた人は、寧ろ幸福だと云うべきである。これは獨り、野球に限つた事ではないと思う。人生のあらゆる分野に於てこの選抜會の催しがあつて、最も適當した方向に若い人達は進むべきである」(同前、三五頁、傍点は引用者)。

(38) ポール・サイモン「沈黙のスーパースター」、大河原暢彦編/椿正晴・大塚茂夫・関利枝子・忠平美幸・藤井留美・小笠原景子訳『アメリカン・ベースボール――伝説の男たちの記録――(米国野球殿堂・博物館オフィシャルブック)』日経ナショナルジオグラフィック社、二〇〇二年、二四一頁、傍点は引用者。

(39) 同前、傍点は引用者。

(40) 同前、傍点は引用者。

「検視番号八一二八号(マリリン・モンロー――引用者)の亡骸を引き取ったディマジオは、彼女が子供のころを過ごしたハリウッド地区から遠くないウエストウッド・ビレッジのメモリアル墓地に埋葬した。/彼はマリリンの葬式に映画関係者は一切招待しなかった。生前、親交のあったピーター・ローフォード一家やフランク・シナトラ、ディーン・マーチンも招かなかった。監督も製作者もスタジオ関係者もカメラマンも彼は拒絶した。列席したのはマリリンの演技指導者のリー・ストラスバーグ夫妻ら、わずかに三十一人。最初の夫、ジム・ドハティは再婚していて、この日には勤務先のロサンゼルス警察にいた。アーサー・ミラーも再婚していて、参列を拒否した。/追悼文を読んだのはリー・ストラスバーグだった。ディマジオはブロンズの棺に身をかがめ、ピンクのバラを供え、泣きながら言った。「アイ・ラブ・ユー・ダーリン。アイ・ラブ・ユー」/教会では、彼女が好きだったという曲がオルガンで演奏された。チャイコフスキーの交響曲第六番、それに映画『オズの魔法使い』の主題歌として有名な『虹の彼方に』(Over the Rainbow) だった。/一九六二年から八二年まで、週に三度、決まってマリリンの墓には二輪の赤いバラが届けられた。贈り主はいうまでもなくジョー・ディマジオ。しかし、今日に至るまで、彼は彼女のことについては一切口をつぐんだままだ」（佐山和夫『ディマジオとモンロー――運命を決めた日本での二十四日間――』河出書房新社、一九九五年、二五一頁、傍点は引用者）。

(41) 同前、二四一・二四三頁、傍点は引用者。

(42) 同前、二四三頁。

(43) 同前、二四三頁、傍点は引用者。

第3章　松井が『宮本武蔵』から学んだこと

道、ネバーギブアップ

松井の師、長嶋は、その著書『ネバーギブアップ』（一九八一年）の中で、次のようなことを言っている。

　日本人の考え方のひとつに〝道〟というものがある。柔道、書道、つまり〝求道〟の精神である。ひとつのことを真剣に追求していく姿はそれなりに美しい。（中略）バッティングのコツは、ただひとつである。／球にバットを鋭く当てるだけである[1]。

長嶋は、バッティングのコツ（いわば、極意）を、「球にバットを鋭く当てるだけ」とする。

実に、彼らしい表現である。

> だが、その「だけ」が、やたらにむずかしい。もちろん嘘みたいに簡単な時がある。／ドッジボールの球を投げさせて、空振りする人は、たとえ女の人でもまずいないだろう。／野球の球がドッジボールに見える時が私にもあった。だが、それが毎日つづくわけではない。ある日、ドッジボールがビー玉になっていたりする。なぜこんなことが起きるのか。／目がおかしくなってしまうわけではない。／フォームの崩《くず》れで、球が速く見えるのか、心理的な原因のいずれかである。[2]

ピッチャーから投げらた球が、「ドッジボール」のように見える時もあれば、「ビー玉」のように見える時もあるという。

それは、「フォームの崩れ」か「心理的な原因」からくるものだとする。

まず、「フォームの崩れ」からくることについて、長嶋は説明する。

たとえば、球が一四〇km／hの速さで飛んでくる。その球に対して体が迎えにいく。頭が投手側に動くと、球の速さは一四〇km／hではおさまらない。クルマがすれ違う時のことを考えてみればよい。停車したクルマの対向車線から六〇km／hのスピードで他車が近よってくる。／そのすれ違いの速度は、六〇km／hである。／こちらのクルマが六〇km／hで走り、対向車線のクルマが六〇km／hで近づいてくる。すれ違いの速度は一二〇km／hである。／球を待ち受けていれば一四〇km／hの速度でも、迎えにいけば一四〇km／hを何キロか超える速度となる。こうなると「ボールに鋭くバットを当てるだけ」がむずかしくなる。それに体の上下動が加われば、もっとややこしいことになる。フォームの崩れというのはこのことである(3)。

それから、「心理的な要因」について、説明を続けていく。

心理的な要因とはなんだろうか。／これはフォームの崩れに微妙に関係してくる。フォームが崩れると球に当たらなくなる。「アレッ」と思う。思った時はすでに心の中に不安が広がる。こうなったら、スランプである。ボールはピンポン球からビー玉、パチンコ球サイズにまで小さくなってしまう。／フォームの崩れを直し、不安を解消し、みなぎる自信を得るためには、ひたすら練習するだけである。禅僧は座禅を組み瞑想《めいそう》にふけり、ハタと道を悟ることがあるだろう。野球好きな禅僧なら「バッティングとはこれだ」と、膝《ひざ》を打つことがあるかも知れない。だが、私は、そんなことはできない。山を走り、バットを振る。振って振って振りまくる。足が鍛えられ腰が座《ママ》れば、必然的に体の移動がなくなる。／こうなればしめたものである。バットを鋭くボールに当てることが、いとやさしく思えてくる。[4]

長嶋の「フォームの崩れを直し、不安（心理的な要因）を解消し、みなぎる自信を得るためには、ひたすら練習するだけ」、「山を走り、バットを振る。振って振って振りまくる」という表現は、吉川英治の『宮本武蔵』を彷彿させる。

長嶋は、こんなことも書いている。

私は練習嫌いな選手といわれてきた。／試合前の打撃練習でも、2、3本打って、「ＯＫ」とバッティングゲージを出てしまうことがあった。それを見た人は「長島は天才だ」と決めつける。／だが私は天才ではない。（中略）試合前の打撃練習をしなかったかもしれないが、陰では猛練習をしていたのである。このことを知っているのは、親しいわずかの友人だけである。[5]

> 私が練習しないということの証拠として「長島の手にはマメがない」という人がいる。／たしかに私はマメができない。だが、バットを振ってマメのできる人は、はっきりいって振り方が悪いのである。ちなみにゴルフの青木選手の手にはマメがひとつもない。また大リーグの強打者の七割は手にマメがない。残りの三割は体質である。[6]

長嶋の筆致は、武蔵の『五輪書』に似ている。
そう、私には思える。
自由なのである。
自らを由とする、「自由な表現」なのである。

> 私の手とよく比較されるのは王ちゃんの手である。彼の猛練習ぶりはつとに有名だが、彼の手にはマメが一杯あると、スポーツジャーナリズムは報じたりする。／だが、私は見て知っている。王ちゃんのそれはマメではない。インパクトの瞬間に両手をしぼり込むためにできる皮膚のささくれなのである。／私はかつて、王ちゃんと笑いながら話したことがある。「俺が天才で王ちゃんが努力の人だって。それはないよなァ」／そこに張本選手が割り込んできた。／彼にもマメは皆無といってよいほどない。／「これほどの努力を、人は天才と言う」／

日本最高のヒットメーカーのハリも天才と呼ばれて憤慨しているのである。OもHもNもみな努力して、ここまできたのである。／この努力、人にかくれた猛練習の姿を、求道者とみる人がいても、それは当然である。／しかし、プロなら努力するのが当たり前である。その努力の跡も見せずに、さり気なくヒットを打ち、ホームランを打ってみせるのがプロ野球なのである。したがって、プロの試合を見た人が「野球道」を思い浮かべたとしたら、その試合に出場している選手はプロの資格はない。ではプロ野球はなんなのか。／大胆に言わせてもらえば、ショーに近いのではあるまいか[7]。

長嶋は、「努力の跡も見せずに、さり気なくヒットを打ち、ホームランを打ってみせるのがプロ野球なのである」と言う。

さらに、「プロの試合を見た人が『野球道』を思い浮かべたとしたら、その試合に出場している選手はプロの資格はない」と続ける。

そして、「ではプロ野球はなんなのか」と自問し、「大胆に言わせてもらえば、ショーに近いのではあるまいか」と自答する。

これを見て、私は『国民栄誉賞　長嶋茂雄読本』（二〇一三年）に載っていた「松井の話」を想い出した。

松井は「長嶋監督が『自分は長嶋茂雄を演じている』と話していたと、誰かに聞かされた。熱いプレー、ファンへのサービス精神、ユニークな発言は、すべてファンの目に映る姿を意識していたらしい」と話し、こう付け加えた。「家族の前だけで見せる『素』の自分と、子供の模範になるような『プロ野球選手』の自分。松井秀喜が二人いたって悪くないと思う」。だから、プレー中は一切、手を抜かなかった。公の場で、他人の批判を口にしなかった。ファンとの交流の場では、誰よりも長い時間、サインの求めに応じた。[8]

「演じる」ということ。

誰もが、各々の役割を、それぞれに演じている、否、演じ分けているはずだ。

会社にあっては、社長や部長を演じたり、課長や係長……を演じたりしている。

家に帰れば、父親や母親を演じ、老いた親がいれば、子を演じることにもなる。

友人、知人等の中に入れば、また幾分違った役割を演じなければならない。

ここで注目したいのは、「職場」、すなわち職を果たす場での「演じ」である。

長嶋の「自分は長嶋茂雄を演じている」という表現は、前述の「プロ野球はなんなのか」→「ショーに近いのではあるまいか」に一致する。

「求道」とは演じること。

「道を求める」ということは、自らが求める「理想像」演じ続けること、努力すること、なのかもしれない。

演じ続けるうちに、やがて、「努力している」、「演じている」ということを、ほとんど意識せず、自然な状態になっているのが「スーパースター」なのかもしれない。

それが「長嶋茂雄」であり、「松井秀喜」なのかもしれない。

その「長嶋茂雄」なり「松井秀喜」という「姿」は、私たちにとって、一瞬も疑う余地のない「存在」となっているのである。

それと似た事は、私たちの日常でも、起こっている。

前述の「部長」や「課長」等を演じている自分たち自身についてのことである。

真剣に「部長」や「課長」の役を演じているか、安易に演じているか、それは、オーバーな話ではなく、「職」意識の有無・強弱が、そのまま、その人の「姿」と映り、「存在」となり、やがて自らの「本質」と化してしまうのではないか。

松井の「武蔵」観

一方、長嶋の弟子松井は、『告白』（二〇〇七年）の中で、宮本武蔵について、次のように述べている。

> 宮本武蔵から学んだことは、何事においても周到な準備するということです。武蔵は頭が切れて、とても分析力があって、いい意味したたかだと思いました。／何事にもやっぱり、上手な人はゆっくり、ゆったりと見えるということです。相手ではなく、自分がそうならなくてはいけません。自分自身に余裕があるということです[9]。

「したたか」とは、決して悪い意味ではない。

「強か」と書くのであるから、「強い」ということである。

前述したことと関わるが、「明るく　楽しく　元気よく」それこそ演じる（生きていく）には、「しぶとく　しつこく　強かに」演じ続けることが必要となる。

そして、「強かに演じ続ける」ためには、「周到な準備」というものが重要となってくる。

確かに、何事においても、「周到な準備」をしている人間の姿とは、「ゆっくり、ゆったり」、「余裕がある」ように、他者には映るものである。

松井の姿は、バッターボックスで構える姿、あるいはマイクやカメラを向けられたときの姿……等々、どんなときでも、常に「ゆっくり、ゆったり」、「余裕がある」ように、私たちには映る。

「甲子園の五打席連続敬遠」のときも、「巨人軍入団」のときも、「海を越え、ヤンキースへ向かった」ときも、「怪我」のときも、「引退表明」の場面でも、「国民栄誉賞」に輝いたときでさえも、坦々と、「ゆっくり、ゆったり」、「余裕がある」ように、映っていた。

　武蔵は天才なんだろうけれども、努力をした人だと思います。そういう点では空海と一緒だと思います。だからこそ、彼は天才だと思います。天才だけど努力をする。だから、天才。努力できることが才能だと思います。／生まれたときから天才という人はいるかもしれませんが、努力をしなければ天才は絶対に維持できない。／僕は天才ではありません。天才として生まれていないし、努力もしていません。まだまだやることがたくさんあるし、努力が足りないと思っています。[10]

「努力できることが才能だと思います」、まさに、これに尽きる。

松井は、「僕は天才ではありません。天才として生まれていないし、努力もしていません。まだまだやることがたくさんあるし、努力が足りないと思っています」と反省している。

「努力する」とは「反省すること」、「反省し続ける」ことのようである。

ゆえに、「努力」、すなわち「反省」とは、「謙虚」に通じるものなのである。

松井の言葉が、重く響いてくる。

松井の一言、一言が重く響いてくるのは、そもそも、次に示すように、「神様の存在を感じる」というところにあるのではないか。

私が大変興味を持つところである。


　野球をしているときも、日常生活をしていても神様の存在を感じることがたくさんあります。それはいいときも、悪いときも、感じます。特別な瞬間ということではなく、ふとした瞬間に神様のことを思います。いいことがあれば、神様がこうしてくださったと思うし、何か悪いことがあれば、これは神様の戒《いまし》めだと思います。色んな場面でそう感じるし、そういう風に自分で考えています。だから、常に神様が見ていると思って行動しなくてはいけません。日常生活も、野球も含めて、神様が自分を見ていると思って行動しなくてはいけません。(11)

松井は、野球をしているときだけではなく、「常に神様が自分を見ていると思って行動しなくてはいけません」と言い切る。

何か良いことがあれば「神さまありがとうございます」と喜び燥《はしゃ》ぎ、何か悪いことがあれば「神さまごめんなさい」と謝り意気消沈する。

私は、典型的なそのタイプである。

そういう人間だから、日常生活において、神を意識して行動することは滅多にない。

何か特別なとき、学生時代の試合や入学試験や就職活動のときは、神さま仏さまキリストさまを頭に描き、心に達した気分になる。

そして拝む。

そのときだけは必死に拝む。

そのときだけは真面目に過ごす。

そのときだけは努力しているつもりになる。

だから、「日常生活も、野球も含めて、神様が自分を見ていると思って行動しなくてはいけません」と言い切る、松井の「態度」に、「姿」に、「特別なもの」を感じるのだ。

私にとっての「松井秀喜という存在」は、どうも、そういうものになってきたようである。


僕は野球のためだけに生きているわけではありませんから、引退したら違う目標ができるかもしれません。それが野球に関することか、そうでないかは分かりませんが、そのためにやらなくてはいけないことは、ちゃんとやらなくてはいけません。人生の中で、いろいろな選択肢があったら、厳しいところに進んでいきたい。楽をしてはいけません。そして、楽をしても面白くありません。厳しいところに突っ込んでいくから、面白いと思っています。(12)

「人生の中で、いろいろな選択肢があったら、厳しいところに進んでいきたい」とは、まるで「武蔵」が言っているように聞こえて来る。

武蔵が細川忠利の招請に応じて肥後熊本に来住したのは、寛永十七年（一六四〇）八月、彼五十七歳の秋のことで、先年島原の陣中で邂逅した、細川家藩老松井（長岡）興長・寄之父子の周旋によるものであったという。(13)

いっぽう武蔵の老病は、忠利の死後一、二年で急速に悪化したらしい。また、いつのころからか、熊本郊外西方三里にある金峰山西腹の巌殿山雲巌寺（曹洞宗）の洞窟（雲巌洞）に赴いて座禅修行をはじめた。ここに参拝の手引きをしたのは、藩老の沢村大学であったという。ここで、寛永二十年十月上旬、天道を拝し観世音を礼し、これを鏡として、『五輪書』

を書きはじめた。／しかし、冬季における洞窟内の明け暮れは、老体にこたえていっそう悪化させたとみられる。これを憂慮した松井佐渡（興長）・式部（寄之）父子が、医者を派遣し薬を投与して、養生に専念するよう勧告したが、武蔵はなかなか承服せずやむなく藩主光尚の命令ということで強制的に連れ戻したという。そして正保二年（一六四五）の春に膈《かく》症《しょう》（がん）の症状が一段と悪化し、とくに手足の自由が利かなくなった。いよいよ終命の期の近いことと自覚した武蔵は、府中の騒動をきらって雲巌洞に参籠し、臨終の期を待つことをとした。しかし、世間では奇怪な風評が立ったため、式部（松井寄之——引用者）放鷹にかこつけて雲巌洞に赴き、武蔵を説得して、千葉城跡の居宅へ連れ帰り、藩主より特に寺尾求馬、松井家からは同家士の中西孫之允を付添わせて看護に当らせた。ところが五月十二日には病はますます重く、武蔵は最後の力をふりしぼって自省自戒の書「独行道《どっこうどう》」をしたため、知友・高弟らに形見分けを配り、一週間後の五月十九日、波瀾に富んだ生涯を終えた。行年六十二歳。(14)

吉川英治の「武蔵」観

『宮本武蔵』は、吉川英治の作品であるが、その「序」には次のようなことが書かれている。

> 書くからには、かつての余りに誤られていた武蔵観を是正して、やや実相に近い、そして一般の近代感とも交響できる武蔵を再現してみたいという希《ねが》いを私はもった。――それと、あまりにも繊細に小智にそして無気力に堕している近代人的なものへ、私たち祖先が過去には持っていたところの強靭《きょうじん》なる神経や夢や真摯《しんし》な人生追求をも、折には、甦《よみが》えらせてみたいという望みも寄せた。とかく、前《まえ》のめり（傍点は吉川）に行き過ぎやすい社会進歩の習性にたいする反省の文学としても、意義があるのではあるまいか、などとも思った。それらが、この作品にかけた希いであった。[15]

「序」の終わりには、「昭和一一・四　草思堂にて」と記されている。

二・二六事件直後である。

「失業の経済学」、ケインズの『一般理論』が刊行された年でもある。

一九三六年（昭和一一年）という「時代」に生きた人々が、右の「あまりにも繊細に小智にそして無気力に堕している近代人的なもの」、「強靭《きょうじん》なる神経や夢や真摯《しんし》な人生追求」といった文面を、つまり「反省の文学」というものを、どのような気分で受け取ったか、私にはわからない。

当然である。

でも、少なくとも、今を（二〇一六年現在を）生きている私には、なぜか「松井の存在」が頭に浮かんで来る。

日常から「神」を感じて生活し、何事においても「準備」（「反省」の意を当然含む）を決して忘れず、怠らない。

今も、「松井という存在」が、常に、坦々と、「ゆっくり、ゆったり」、「余裕がある」姿を、私に自然に見せてくれるからだ。

まさに、「泰然とした姿、構え」をである。

吉川は、『随筆宮本武蔵』（一九三九年）の中でも、こんなことを書いている。

> 自ら伸ばそうともしない生命の芽を、また運命を、日陰へばかり這わせて、不遇を時代のせいにばかりしたがる者は、彼（武蔵——引用者）の友ではあり得ない。大風にもあらい波にも、時代がぶつけて来るものへは、大手をひろげてぶつかり、それに屈しないのが、彼の歩みだった。道だった。[16]

「不遇を時代のせいにばかりしたがる者は、彼（武蔵）の友ではあり得ない」、当時と形は違うが、今現在、否、いつの世にも通じることだ。

「道」は、どんな時代にも、当然存在する。

時代を超越して、「道」は存在する。

「道」を求め、それを実践する者も、また、いつの世にも存在する。

「道」を存続せしめるのは「人」だからである。

ゆえに、武蔵がいて松井がいるのだ。

> 彼（武蔵——引用者）が細川忠利から宅地をもらって、安住の日を得た時は、もう五十七歳だった。／おそらく、妻を娶る間も、何を顧みる間もなかったのである。それでもまだ究《きわ》める「道」に対しては、これでいいと安んじていなかった。六十をこえた後まで、熊本市外の霊巌洞《れいがんどう》へ通って坐禅をしたり、燈下に著述をしたり、苦念していたのだった。それは彼にとって楽しいのであった。実に生きるに飽くことを知らない人だった[17]。

武蔵を「実に生きるに飽くことを知らない人だった」と表現する吉川も、凄い。

どんな時代でも、どんな境遇であろうとも、「生きるに飽くことを知らない人」というのが、まさに「求道者」なのであろう。

既述したように、松井は「僕は野球のためだけに生きているわけではありませんから、引退したら違う目標ができるかもしれません。それが野球に関することか、そうでないかは分かりませんが、そのためにやらなくてはいけないことは、ちゃんとやらなくてはいけません。人生の中で、いろいろな選択肢があったら、厳しいところに進んでいきたい。楽をしてはいけません。そして、楽をしても面白くありません。厳しいところに突っ込んでいくから、面白いと思っています」としていた。

「松井秀喜という存在」も、「生きるに飽くことを知らない存在」なのだ、といえるだろう。

吉川の言う「求道」、武蔵の「求道」は、案外に明るいのである。

もちろん、明るいとは、表面上の問題ではない。

内面的なものである。

　急変してゆく世相の中に立っても、彼の志操は変らなかったが、境遇はそれに順応して行った。彼は処世下手《べた》でも、決して世にすねたり、逆剣をつかう人でなかった。独行道《どくぎょうどう》の冒頭に、「世々の道に反《そむ》かず」と書いているのを見ても窺《うかが》われる。彼の孤独と不遇を、生涯、彼に持ち続けさせたものは、やはり「道」のためだった。求道一すじへの犠牲だった。彼自身は、それについて、みじんでも悔いたような痕《あと》はない。だから今日の僕らが、彼の生涯とその姿の一面を「惨心の人」とは観るものの、武蔵自身は満足して、いつも、いっぱいな志

望と愉悦を持ちきって、終ったろうとも考えられるのである。(18)

その点、宮本武蔵を語るには非常な明るさがある。他の漂白《さすらい》歌人の出家や、涙痕《るいこん》の行脚者を想うほどな傷《いた》みがない。そして、それらの歌人や俳人の遍歴は、人間を避けて自然のふところを慕っているのであるが、武蔵のそれは、行雲流水の裡《うら》に身をおいても、いつもその視界は人間の中にあった。人間が常に解決しようとして解決できない生死の問題に、その焦点があった。その究明の目的として、形に取っているものが、つまり彼の「剣」なのである。(19)

幼少からの不遇や、時勢誤認の失意や、次々の苦悩のうちから、武蔵自身も、また自己の行くべき目標を、その一路に見出して、初めて「行《ぎょう》」から「信」を得て行ったものであろう。それがかえって不遇な彼を、より偉大なものにして行った。また、それへ攀《よ》じ着くべく、自分の短所を壁書にして自誡独行道としたり、座右の銘としたりして、不断に自分の欲望や欠点を誡《いまし》めていた。反省力の強いということ。それは武蔵の性格中に見られる著しい長所の一つだと、私は思う。(20)

有名な彼の遺文「独行道《どくぎょうどう》」の句々は、今日でも、愛誦《あいしょう》に足るものである。もとより彼の

> 時代と現代とのひらきはあるが、玩味《がんみ》すれば、人間本能の今も変らない素朴な良心にふれてくることは否めない。それはまた、その題名が明示しているとおり、武蔵が人に訓《おし》えるために誌《しる》したものではなく、彼が自己の短所を自己へむかって、反省の鏡とするために書いた座右の誡《かい》であったところに、独行道二十一章の真価はあるのである。／だからあれをよく観て武蔵の心胸を汲んでみると、武蔵自身が認めていた短所と性格の一面が歴然と分ってくるのである。[21]

武蔵の「独行道」について、吉川は「彼が自己の短所を自己へむかって、反省の鏡とするために書いた座右の誡であったところに、独行道二十一章の真価はあるのである」と書いている。

特に、武蔵が、「反省の鏡」として、「独行道」を記した点に惹かれる。

それも病床にあって、死にゆくときに記したのである。

否、死しても「反省」を忘れない。

人生を総決算する場面で、「自らが弱いと考えたこと」との「闘い」、自らとの闘い、「努力し続ける」ことを再確認する意味で記したのであろう。

「独行道」は、左記のような箇条書きである。

独行道

一、世々の道をそむくことなし。
一、身にたのしみをたくまず。
一、よろづに依怙の心なし。
一、身をあさく思、世をふかく思ふ。
一、一生の間よくしん（欲心）思はず。
一、我事におゐて後悔をせず。
一、善悪に他をねたむ心なし。
一、いづれの道にも、わかれをかなしまず。
一、自他共にうらみかこつ心なし。
一、れんぼ（恋慕）の道思ひよるこゝろなし。
一、物事にすき（数寄）このむ事なし。
一、私宅におゐてのぞむ心なし。
一、身ひとつに美食をこのまず。
一、末々代物《しろもの》なる古き道具所持せず。

一、わが身にいたり物いみする事なし。
一、兵具は各（格）別、よ（余）の道具たしなまず。
一、道におゐては、死をいとはず思ふ。
一、老身に財宝所領もちゆる心なし。
一、仏神は貴し、仏神をたのまず。
一、身を捨ても名利はすてず。
一、常に兵法の道をはなれず。

正保弐年
五月十二日
新免武蔵
玄信（在判）[22]

松井少年が、「努力できることが、才能である」と書かれた紙を、大事に壁に貼って、眺めている姿。

病床にあって「独行道」を書し、それを壁に貼ってもらって、静かな息づかいで眺めている武蔵の姿。

それらの「姿」が、私には、つながって観えて来る。

少年の頃から青年、壮年期を経て、老年そして死期まで繋がる「一人の道」を感じるのである。松井と武蔵が「一人」になるのである。

吉川は、『窓辺雑草』（一九三八年）では、次のようなことも論じていた。

> 僕は歴史上の人物、故人というものは決して死んだ人でないと考えている。何時でも今日の社会の情勢に応じて、つまり声を上げて呼べば、歴史上の人物というものは地下に生きて来て日本の文化を手伝っている。（中略）そういうことが細かに見れば年毎にというてよいくらい、今日の社会状態に応じて故人というものが呼び還されて来る。それが小説となり、映画となり、また単行本になりして、民衆の間に分散して行く。その民衆の精神の中にそれが何らかの形を以て大なり小なり波及せずにはいない。そうして影響された精神が今日の文化に働いて行く。ですから個人の力というものも、進歩的な文化の間に間接に働いているということを僕は信じている。／そういう観念の上から今日大衆小説を書くにも民衆の血液の中に入って行って、生きて行くものでなければならない。人物を拾う場合には殊に然りと思う。／例えば今現に僕が書いている宮本武蔵というものを、なんで拾い上げたかといえば、今日の思想の流れを考えてみると、所謂《いわゆる》ニヒリズム、リベラリズム、さもなければ極端にど

っちかに偏した思想。その真中にどうでもいいという全然無思想という潮流もある。しかし今日民衆の中に何が一番欠けているか――小説を大体選ぶ前に考え見ることは先ずこれである。すると前に述べたように信ずるということが僕は一番欠けていると思う。つまり自分を信じ、人を信じ、自分の仕事を信じ、自分の今日の生活を信じて行くというような信念が非常に弱いと思う。それからもう一つ考えられることは、非常に人間が理智的になって来ていることだ。僕等の遠い過去の中には、もっと今日にあって欲しいような強さ、強靭な神経。今日今日をもっと希望と力を持って歩いて行くというような生活力。そういったものがあった筈だ。それが今日は可なり稀薄になっている。／だから今日の文化に対する反省として、僕等が今日忘れられている神経を持っている人間をここに持って来れば、僕等の神経が覚める。そうしてそこに小説としての興味と、生活の上での意味と二つを持って来る。こういったような目的を以て僕は宮本武蔵なんかは理想的な人間だと考えて選んで行ったのである。(23)

今一度問いたい。

吉川は、何ゆえ、『宮本武蔵』を書いたのか。

それは、一九三六年当時にみる日本人が「自分を信じ、人を信じ、自分の仕事を信じ、自分の今日の生活を信じて行く」という力を欠いてきたからなのだ。

信じるという力。

強調したいのは、「自分を信じる」、「自分の仕事を信じ、自分の今日の生活を信じて行く」力、自らを信じる力、これを欠くとは、各々が「自信」のない時代、ゆえに「人を信じる」ことができない時代になっていたということだ。

「人を信じる」とは、単純に「他人を信じる」という意味ではない。

「人」というもの、「人間」というもの自体を、その本質を信じなくなる、ということだ。

「一九三六年」が、重く圧し掛かかってくる。

戦国時代を生き、そして関ヶ原の合戦後も生き抜いた武蔵がズームアップされる。

不思議な「つながり」を感じる。

吉川は、ここでも「反省の文学」という言葉を提示している。

大衆文学の本旨というものは反省の文学でなければならぬ。文化というものは、唯そう前へ無自覚に出ることだけが進歩ではない。本当の進歩というのは、そこに何時も正しい反省がなくてはならない。その反省は僕等の過去の文化というものを絶えず振り返って見て、そうして新しくて健全な認識を自分の生活の中に注入させて行く。現在の文化と同時に、過去の文化を振り返って、両者を渾然と自分の正確な批判の中に入れてこれを調和し、篩《ふるい》にかけて、そうしていいものだけを自分自身に吸収し、堅実に前に出て行くというのが本当の進歩だと思う。／その点から僕自身の考え方なり著述なりを一部の批評家が、「強烈な保守主義だ」というようなことを書いておったが、僕は決して保守主義ではない。大衆文学は反省の文学だと自覚しているのだ。もし反省というものがなく、徒《いたずら》に尖端を狙った軽佻浮薄ばかりを全部としていたら、日本の文学は片跛で、極めて不健全なお先走りのものになり終わっていることと思う。この信念を以て宮本武蔵のような小説を書いている[24]。

まさに、『宮本武蔵』は「反省の文学」そのものであったのだ。

松井は、『宮本武蔵』についても、第1章の『老人と海』同様、作者の真意を的確に把握していたことになる。

さすがである。

小説『宮本武蔵』

それでは、ここで小説『宮本武蔵』を少し覗いてみよう。

「これへ、どこで修行したか、流名と自身の姓名を誌《つけ》けて」／子どもへいうように、以前の大坊主が来て一冊の帳面と硯箱《すずりばこ》とをつきつける。／見ると、／叩門者《こうもんしゃ》授業芳名録／宝蔵院執《しつ》事《じ》／とある。開いてみると、無数の武者修行の名が訪問の月日の下に連《つら》ねてある。武蔵も前の者に倣《なら》って書いたが、流名は書きようもなかった。／「兵法は誰について習ったのか」／「我流でございます。――師ともうせば、幼少の折、父から十手術の指導をうけましたが、それもよう勉強せず、後に志を抱きましてからは、天地の万物を以て、また天下の先輩を以て、みなわが師と心得て勉強中の者でござります(25)」

流派はどこか、誰に習ったのか、つまり経歴等を機械的、形式的に聴取していき、「叩門者授業芳名録」なる「自慢の種」を分厚く作成していくことが日常業務と化している一大流派、宝蔵院流槍術。

これに対し、「我流」、すなわち「後に志を抱きましてからは、天地の万物を以て、また天下の先輩を以て、みなわが師と心得て勉強中の者でござります」と答える武蔵。

宝蔵院流槍術側は、無名の武蔵を相手に、そこに居合わせた中の力自慢、「阿巌」という大坊主が立ち合うことになった。

そのとき、阿巌、武蔵の両者は、道場の窓際から、微かな笑い声がするのを、感じとった。

槍を構えたまま、阿厳は横を向いて、／「――誰だっ？」／と、呶鳴った。／窓の際《きわ》には、まだ笑いやまない声がくすくすいっている。骨董屋《こっとうや》の手にかけたような照りのある頭と白い眉がそこから見えた。／「阿厳、無駄じゃよ、その試合は。――明後日《あさって》にせい。胤舜がもどってからにせい」／老僧は止めるのであった。／「あ？」／武蔵は思い出した。先刻《さっき》ここへ来る途中。宝蔵院の裏の畑で鍬《くわ》をもって百姓仕事をしていたあの老僧ではないか。／そう思うまに、老僧の頭は、窓の際から消えていた。阿厳は老僧の注意で一度は槍の手をゆるめたが、武蔵と眸をあわせると、途端にそのことばを忘れてしまったように、／「何をいうかっ」／と、すでにそこにはいない者を罵《ののし》って、また槍を持ち直した。／武蔵は、念のために、／「よろしいか」／といった(26)。

老僧による「理ある制止」を、結局受け入れなかった力自慢の阿厳。
「よろしいか」と、念を押す武蔵。
勝負は、初めから、ついていた。

「ごていねいに」／と、武蔵も頭を下げ、／「きょうは計らずも、よいご授業をうけましたが、ご門下の阿巌どのに対しては、なんともお気の毒な結果となり、申し上げようがござりませぬ」／「なんの」／老僧は打ち消して、／「兵法の立合いには、ありがちなこと。床《ゆか》に立つまえから、覚悟のうえの勝敗じゃ。お気にかけられな」／「して、お怪我《けが》のご様子は？」／「即死」／老僧のそう答えた息が、冷たい風のように武蔵の顔を吹いた。／「……死にましたか」／自分の木剣の下に、きょうも一つの生命が消えたのである。武蔵は、こうした時には、いつもちょっと瞑目《めいもく》して、心のうちで称名《しょうみょう》を唱えるのが常であった。／「お客」／「はい」／「宮本武蔵と申されたの」／「左様でござります」／「兵法は、誰に学ばれたか」／「師はありませぬ。幼少から父無二斎について十手術を、後には、諸国の先輩をみな師とし、訪ね、天下の山川《さんせん》もみな師と存じて遍歴しております」(27)

老僧に「兵法は、誰に学ばれたか」と聞かれ、ここでも、「諸国の先輩をみな師」、「天下の山川もみな師」と答える武蔵。

互いに興味を抱いている。

「わしが最前、菜畑《なばたけ》で菜を耕《つく》っておると、その側をおてまえが通られたじゃろう」／「はい」／「あの折、おてまえはわしの側を九尺も跳んで通った」／「は」／「なぜ、あんな振舞をする」／「あなたの鍬が、私の両脚へ向って、いつ横ざまに薙《な》ぎつけて来るかわからないように覚えたからです。また下を向いて、畑の土を掘っていながら、あなたの眼気というものは、私の全身を観《み》、私の隙をおそろしい殺気でさがしておられたからです」／「はははは、あべこべじゃよ」／老僧は、笑っていった。／「お身が、十間も先から歩いて来ると、もうおてまえのいうその殺気が、わしの鍬の先へぴりっと感じていた。――それほどに、お身の一歩一歩には争気がある、覇気がある。当然わしもそれに対して、心に武装を持ったのじゃ。もし、あの時わしの側を通った者が、ただの百姓かなんぞであったら、わしはやはり鍬を持って菜を耕《つく》っているだけの老いぼれに過ぎんであったろう。あの殺気は、つまり、影法師じゃよ。はははは、自分の影法師に驚いて、自分で跳び退《の》いたわけになる」／果たしてこの猫背の老僧は凡物でなかったのである。武蔵は、自分の考えがあたっていたことを思うとともに、初対面のことばを交わす前から、すでにこの老僧に負けている自分を見出して、先輩の前に於かれた後輩らしく膝を固くせずにはいられなかった。[28]

老僧の名は「日観」といった。

日観は、宝蔵院流槍術をここまでにした功績者の一人であり、生き残りでもあった。

「初対面のことばを交わす前から、すでにこの老僧に負けている自分を見出して、先輩の前に於かれた後輩らしく膝を固くせずにはいられなかった」という描写に、以前の武蔵ではない、成長している武蔵がいる。

「道」を歩み出している武蔵がいる。

そこが、何とも言えず、いい。


場面を少し転じる。

宝蔵院での噂を聞き、武蔵の強さを知り、近寄ってくる者がいた。

関ヶ原の合戦で主家を失った牢人たち、無法者たちである。

武蔵を利用して金儲けを企む輩でもあった。

にべもなく断る武蔵。

「彼奴《きゃっ》ら」を追い払う武蔵。

それを逆恨みする牢人たち。

武蔵をだまし討ちにしようとする多勢の牢人たち。

しかし、武蔵に迷いはなかった。

自ずと全身全霊を籠めた働きができた。

「武蔵」という超人の姿が、そこに浮かび上がって来る。

　もっとも武蔵自身もまた、自分が何を行動しているか、一切無自覚であった。ただ彼の生命を構成している肉体の全機能が、その一瞬に、三尺に足らない刀身に凝《こ》りかたまって、まだ五歳《いつつ》か六歳《むっつ》の幼少から、きびしい父の手でたたきこまれたものだの、その後、関ヶ原の戦で体験したものだの、また、独り山の中へ入って樹を相手に自得したもの、さらに、諸国をあるいて諸所の道場で理論的にふだん考えていたものだの、およそ今日まで経て来たすべての鍛錬が、意識なく、五体から火花となって発しているに過ぎないのである。――そして、その五体は、蹴ちらす土や草とも同化して、完全に、人間を解脱した風の相《すがた》となっている。／――死生一如。／どっちへ帰することも頭にない人間のある時の相《すがた》。／それが、今、白刃のなかを駆けまわっている武蔵の姿だった。／（斬られては損）／（死にたくない）／（なるべく他人に当らせて――）／というような雑念の傍らに刃物をふり廻している牢人たちが、歯ぎしりしても、一人の武蔵を斬り仆し得ないのみか、却って、その死にたくない奴が、盲目《めくら》あたりに真っ向から割りつけられたりしてしまうのも皮肉ではあるが、是非もない。(29)

武蔵と牢人たちとの「戦いぶり」を見やっていた日観。

日観は、武蔵とともに旅する少年、城太郎に、小石を拾い集めるよう命じる。

城太郎が拾い集めて来ると、日観は、その小石の一つ一つへ南無妙法蓮華経の題目を書いて／「さあ、これを死骸へ、撒《ま》いておやり」／といった。／城太郎は石を取って野の四方へ投げた。／その間、日観は、法衣《ころも》の袖をあわせて誦経《ずきょう》していたが、／「さあ、それでよろしい。――ではお前さん達も先へ出立するがよい。わしも奈良へ戻るとしよう」／飄然《ひょうぜん》と猫背の後ろ姿を向け、もう風のように彼方《あなた》へ歩み去っていく――／礼をいう遑《いとま》もないし、再会の約束もいい出せなかった。何という淡々とした姿だろう。――武蔵は、そのうしろ姿を、じっと見つめていたが、何思ったかいきなり驀《まっ》しぐらに追い駆けて行って、／「老師っ、お忘れ物っ」／と、刀の柄をたたいた。／日観は、足を止め、／「忘れ物とは？」／「会い難いこの世の御縁に、せっかくこうしてお目にかかったのです。どうか一手の御指南を」／すると、歯のない彼の口から、からから枯れた人間の笑い声がひびいた。／「――まだ分らんのか。お前さんに教えることといえば、強過ぎるということしかないよ。だが、その強さを自負してゆくと、お前さんは三十歳までは生きられまい。すでに、今日生命《いのち》がなかったところだ。そんなことで、自分という人間を、どう持ってゆくんじゃ」／「……」／「きょうの働きなども、まるでなっておらぬ。若いからまアまアせんないが、強いが兵法などと考えたら大間違い。わしなど、そういう点で、まだ兵法を談じる資格はないのじゃよ。――左様、わしの先輩柳生石舟斎《せきしゅうさい》様、そのまた先輩の上泉伊勢守殿――そういう人たちの歩いた通りを、これから、お身もちと、歩いてみるとわかる」／「……」／武蔵は俯向《うつむ》いていた。(30) ふと、日観の声がしなくなったがと思い、顔を上げてみると、もうその人の影はなかった。

先人たちが歩んだ「道」、これを武蔵に示唆する日観。
武蔵は、確かに成長している。
刻々と成長しているのだ。
沢庵和尚の配慮により、白鷺城にて、幽閉された身で書を読むことを知った武蔵。
その後の、武者修行の旅であった。
城太郎に向かって、武蔵は以下のように説くようになっていた。

「武者修行というものは、何も試合をして歩くだけが能じゃない。一宿一飯にありつきながら、木刀をかついで、叩き合いばかりして歩いているのは、あれは武者修行でなくて、渡り者という輩《やから》、ほんとの武者修行と申すのは、そういう武技よりは心の修行をすることだ。また、諸国の地理水利を測り、土民の人情や気風をおぼえ、領主と民のあいだがどう行っているか、城下から城内の奥まで見きわめる用意をもって、海内隈《くま》なく脚で踏んで心で観て歩くのが、武者修行というものだよ[31]」

「武者修行というものは、何も試合をして歩くだけが能じゃない」、「ほんとの武者修行と申すのは、そういう武技よりは心の修行をすることだ」、「用意（松井が言及した準備）をもって海内隈なく脚で踏んで心で観て歩くのが、武者修行というものだよ」と、武蔵の口から発せられたのである。

「心の修行」、「心で観て歩く」、これが「ほんとの武者修行」だという。

「道」を見出した、そう自覚できるようになったのである。

ゆえに、他者、それも自分と似た境遇に育ちつつある城太郎少年を、優しく諭すようになるわけである。

「優しく」とは、「人（他者）を憂えて」ということである。

本当の「優しさ」である。

真に「心を配って」、心配して「道」を教えようとする武蔵が、そこにいる。

「人に教える」「道を伝える」という行為は、自分に言い聞かせる、確認する、念じる、ということにもなる。

「道」に完成はない、日観もまた武蔵のことを、武蔵が城太郎少年に対したと同様に、優しく観て、己に念じていたのであろう。

読経も、また、己に念じた意味もあろう。

不思議な縁である。

三人別々の人格が、姿が、一人の人間の生涯を表象しているように思えてならない。

年齢は違っても、本質は同一、その「過去・現在・未来」が一時《ひととき》一点を通過した観がある。

『宮本武蔵』を読んだ松井は、おそらく、この「三人の場面」を読んだ折に、自身を三人に投映して考えたことであろう。

自らの「道」について。

「親鸞の水脈」（一九五八年）と題して、吉川がこんなことを書いている。

しかしながら「新・平家物語」を書き、今また「私本太平記」を書きながら思うことは、要するに親鸞をつかんで書こうと、平家物語の人間像を書こうと、南北朝時代の群像を書こうと、結局歴史小説でも現代小説でも、自分の表現以外ではない。つまり題材の如何にかかわらず自己を書いていることに帰着するのです。そうしてまた読者側からいえば小説とは、小説中の筋や人物を読むものと思っているが、実は読者は小説をかりて、自分自身を読んでいるものなんです。／「――小説は自分を読むもの」そう思い当りませんでしょうか。ですから小説というものは作家も読者もお互いに自己の掘り下げみたいなもんです。共同の人間探究でなくてはなりません。(32)

「小説というものは作家も読者もお互いに自己の掘り下げみたいなもんです」という吉川の言葉は、当たり前と言えば当たり前である。

が、それゆえに、どういった「本」を読むか、読もうと「思う」かが、これがオーバーな話ではなく、その人間の「資質」を知ることになり、「宿命」ではなく「運命」を決めていくようになる。

宿った命、その命を何処へ運んでいくことになるのか。

松井が『宮本武蔵』を選択したということ、あるいは既述の『老人と海』を選択したということは、非常に大きな意味をもつ。

因みに、私は、この齢（当時五五歳）になるまで、ある先輩に薦められ松井について調べるまで、『老人と海』も『宮本武蔵』も読んだ経験がなかった。

この「違い」が「すべて」を物語っている。

でも、今、思う。

偶然とは言え、松井を調べることになり、よかった。
感謝したい。
運命を感じることができた。
錯覚と言われようと構わない。
運命は、命を運ぶものであるからだ。
自分で気づけたら命を運べる。
どんな方向へでも。
どんな為にも。
それがいい。

武蔵の『五輪書』

実際、武蔵の『五輪書』には、どんなことが書かれているのか。
私は、興味をもった。
おそらく、松井も読んでいる。
そこで、「地の巻」から観ていくことにした。

兵法の道では、士卒《しそつ》たるものは大工であり、自分でその道具を研《と》ぎ、いろいろな責め道具をつくり、大工の箱に入れて持ち、棟梁の指示に従い、柱や虹梁《こうりょう》（化粧梁――訳・校訂者）などを手斧《ちょうな》で削り、床・棚を鉋《かんな》で削り、透かし物や彫り物などもして、よく寸法を確かめ、隅々やめんどう（長廊下――訳・校訂者）までも手際よく仕上げること、これが大工のあり方である。／大工の技術を手にかけてよく仕覚え、墨金の法をよくわきまえれば、後には棟梁となるものである。大工の嗜み（心得――訳・校訂者）は、よく切れる道具を持ち、暇ひまには研ぐことが肝要である。[33]

「兵法の道では、士卒たるものは大工であり」、「大工の嗜み（心得）は、よく切れる道具を持ち、暇ひまには研ぐことが肝要である」と例える。

「嗜み」は、「道具」を常に「研ぐ」。

「嗜み」とは、その「職」にあっての「心得」である。

その「職」を全うする生き方が「道」である。

では、「道具」とは何か。

「道＋具わる」である。

「道が（に）具わっている」のである。

「道が（に）準備されている」のである。

「道を行くのに、不足なく、自らのものとして、身につくもの」である。

剣ならば剣を、バットならバットを、「道を行くのに、不足なく、自らのものとして、身につくもの」とし得るや、否やは、「才能」の問題ということになろう。

松井の「努力できることが、才能である」に通じるのである。

「研ぐ」とは、「努力できる」ことである。

道具が真の「道具」たるか否かは、それを用いたる者が、そこまで（真の「道具」たるまで）研ぎ続ける、努力し続けられるかどうか、に懸かっているということであろう。


道というものには、儒者《じゅしゃ》（学者――訳・校訂者）・仏者《ぶっしゃ》（僧侶――訳・校訂者）・数寄者《すきしゃ》（茶人など風流者――訳・校訂者）・礼法家《れいほうか》・能役者《のうやくしゃ》（などの道があるが――訳・校訂者）、これらは武士の道ではない。武士の道ではないけれども、これらの道を広く知れば、それぞれに納得するものがある。いずれも人間は、それぞれの道々によく研鑽《けんさん》を積むことが肝要《かんよう》である。(34)

「商人道」、「農民道」も当然ある。

もちろん「剣道」、「柔道」、そして「野球道」も考えられる。

昨今では「芸人道」という言葉さえ使われる。

「漫画道」なんていうのもあった。

いずれの「職」にも「道」はあるのだ。

「サラリーマン道」、「営業マン道」、「教員道」、「事務職道」……と、時代とともに際限なく続くのである。


二天一流兵法の道は、（私が――訳・校訂者）毎朝毎夕勤めて修行することによって、自然と広い心になって、多人数や一対一の兵法として世に伝えたいところを初めて書き表したのが、地水火風空の五巻である。／わが兵法を学ぼうと思う人は、修行の法（決まり・規則――訳・校訂者）がある。／第一に、邪《よこしま》でないことを思うこと（願うこと――訳・校訂者）。／第二に、兵法の鍛錬に励むこと。／第三に、もろもろの芸（武芸・芸能――訳・校訂者）を学ぶこと。／第四に、さまざまな職能《しょくのう》の道を知ること。／第五に、ものごとの利害・得失をわきまえること。／第六に、あらゆることについて鑑識力を身につけること。／第七に、目に見えないところを洞察すること。／第八に、わずかな事にも注意をすること。／第九に、役に立たないことをしないこと。／おおかたこのような利（道理――訳・校訂者）を心がけて、兵法の道を鍛錬すべきである。この道に限っては正しい所を、広い視野に立って考えなければ、兵法の達人となることはできない。この兵法を修得すれば、一人であっても二十人、三十人の敵にも負けることはない。まず、心に片時も兵法のことを忘れず、正しい道に励めば、技術的にも勝ち、ものを見る目においても人に勝ち、また、鍛錬によって全身が自由自在になるので、身体的にも人に勝ち、さらにこの兵法に馴《な》れ親《した》しんだ心であるので、精神的にも人に勝つ[35]。

「毎朝」、「毎夕」勤める修行の法（決まり・規則）は、①「邪でないことを思う」、②「鍛錬に励む」、③「もろもろの芸を学ぶ」、④「さまざまな職能の道を知る」、⑤「ものごとの利害・得失をわきまえる」、⑥「あらゆることについて鑑識力を身につける」、⑦「目に見えないところを洞察する」、⑧「わずかな事にも注意をする」、⑨「役に立たないことをしない」ことだ、と武蔵は言う。

私は、右の九つの法のうち、①「邪でないことを思う」、⑤「ものごとの利害・得失をわきまえる」、⑨「役に立たないことをしない」の、三つが柱だと思う。

「邪でないことを思う」とは、「道」を究め「職」を全うしようと「思う」ことである。そのためには、真に「ものごとの利害・得失をわきまえる」ことが必要となる。

短期的、形式的、名目上の利害・得失には拘らず、長期的、本質的、最終的な「ものごとの利害・得失をわきまえる」ということである。

そこから、「役に立たないことをしない」というのも、「道を究め、職を全うしようと思う」際に、「役に立たないことをしない」という意味になる。

何が本当に（長期的、本質的、最終的に）「役に立つ」ことなのか、真剣に（真の剣＝道具を用いて）考えなければならないということだ。

次の「水の巻」には、「観・見二つの目」という、非常に興味深い記述がある。

> 兵法の目付けの事。目の付けようは、大きく広く付ける目（大局を見る目——訳・校訂者）（が重要——訳・校訂者）である。観《かん》・見《けん》二つの目の付け方があり、観《かん》の目（大局を見る目——訳・校訂者）を強く、見《けん》の目（細部を見る目——訳・校訂者）を弱くして、遠い所を近くに見（しっかり見極め——訳・校訂者）、近い所を遠くに見る（大局的にとらえる——訳・校訂者）ことが、兵法では最も大切なことである。敵の太刀筋をよく知り、少しも敵の太刀を見ない（太刀の動きに惑わされない——訳・校訂者）という事が兵法では重要である。工夫すべきである。この目付けは一対一のような少人数の戦いでも、大人数の合戦の場合も同

じことである。／目の玉を動かすことなく両脇を見ることも大切である。（中略）総じて太刀にしても、手にしても「いつく」（固着すること――訳・校訂者）という事を嫌う。「いつく」は死ぬ手であり、「いつかざる」は生きる手である。(36)

第1章の「ビュフォンの『観察』」のところで、私は、「ビュフォン↓フロベール↓モーパッサンと伝えられた『才能はながい辛抱である』。／それは↓『この世界には絶対に同一な二粒の砂、二匹の蠅、二つの手、二つの鼻、はないという真理』を知るための努力＝『観察』であった」と書いた。

「全体」を「観」ようとするから、「部分」の本当の姿（本質）、「部分」の「全体」との「つながり」を知ることになるわけである。

ゆえに、「『いつく』は死ぬ手であり、『いつかざる』は生きる手である」に通じ、「真理」を知るための努力、「観の目」を強くすることが、兵法に限らず、道を究めようとする何事においても、肝要なのである。

前述の「何が本当に（長期的、本質的、最終的に）『役に立つ』ことなのか、真剣に考えなければならない」にも、当然、通じている。

続いて、「火の巻」にある「剣を踏む」というのも、なるほど、頷ける。

剣《けん》を踏むということ。「剣を踏む」ということは、兵法で主として用いることである。まず、合戦においては、弓・鉄炮《てっぽう》にしても、敵がこちらへ撃ちかけ、（こちらが——訳・校訂者）何かをしかけるときは、敵が弓・鉄炮などを撃ちかけて（敵の矢玉が途絶えた——訳・校訂者）、そのあとでかかっていくので、（敵は——訳・校訂者）再び矢を番《つがえ》え、鉄炮に火薬を込めることによってまた新たになり、敵陣に押し込むことが難しくなる。（そこで——訳・校訂者）敵が弓・鉄炮撃ちかけているうちに、早くかかれば、敵は矢も番えられず、鉄炮も撃てないものである。どんなことでも敵がしかけてきたら、すぐにその道理をうけて、敵のすることを踏みつけて勝つという意味である。／また、一対一の戦いでも、敵が打ち出してくる太刀のあとから打てば「とたんとたん」という調子になって捗《はか》がいかなくなる。敵が打ち出してくる太刀は、足で踏みつけるつもりで、打ち出してくるところを（打ち——訳・校訂者）勝ち、二度目を敵が打てないようにすることである。踏むというのは、足に限るべきではない。体でも踏み、心でも踏む。勿論《もちろん》太刀でも踏みつけて、二度目を敵にさせないように心得ること。これすなわち何ごとも先手《せんて》ということである。敵と同時にといっても、ぶつかるという意味ではない。そのままあとに取りつく気持ちである[37]。

「どんなことでも敵がしかけてきたら、すぐにその道理をうけて、敵のすることを踏みつけて勝つ」というのは、まさに映画『宮本武蔵　般若坂の決斗』（東映、内田吐夢監督、一九六二年）の中村錦之助（のちの萬屋錦之助）が演じた、獅子奮迅、激しいまでの「武蔵像」と重なる。とても私の「松井像」とは重ならない、そういう印象を受ける。

が、そうではないのだ。

松井が、打席に立ったときの姿、空気、そして「目付け」は、相手投手に対し、かつその他の野手、後ろに控える捕手にすら、静かに「剣を踏む」構えとなっている。

否、「剣を踏む」とは、もともと「静」なのである。

まさに「真剣」なとき、真剣を手に戦うとき、「音のない」世界となる。

真剣を手に取ってみれば、「真剣」になってみれば、誰でもわかる。

防具を付けて、竹刀《しない》で、（斬り合いではなく）叩き合いの練習をするのとは違うはずだ。

松井がバットを手にするとき、それが「真剣」に見えるのは、「剣を踏む」構えとなっているからだ。

松井にとって、「バット」という真の「道具」は、「真剣」なのである。

そして、「風の巻」になる。

この中で、武蔵は、他流（世間・一般的に流行っている考え方）について言及しながら、自流（自ら）の「道」の進み方を示す。

他流で奥《おく》・表《おもて》ということ。兵法のことにおいて、何を「表」といい、何を「奥」というのであろうか。芸により、場合によっては極意《ごくい》・秘伝《ひでん》などといって、「奥」（奥義——訳・校訂者）や「口《くち》」（初歩）ということはあっても、敵と打ち合うときの道理《どうり》において、「表」で戦い、「奥」をもって切るということはない。わが兵法の教え方は、初めてこの道を学ぶ人には、その技のやりやすいところから仕習《しなら》わせ、早く理解できるところから先に教え、難しいことはその人の理解力が進んだところを見はからって、しだいしだいに深いところの道理を後から教えるのである。しかしながら、たいていは実戦で体験したことなどを覚えさせるのであるから、「奥」・「口」ということはないのである。いずれの道においても、「奥」（上級の技——訳・校訂者）が役立つところもあり、「口」（初歩的な技）を出してよいこともある。この戦いの道において何を隠し、何を公開するということがあろうか。それゆえ、わが兵法の道を伝えるのに、誓紙《せいし》、罰文《ばつもん》などということは好まない。この道を学ぶ人の智力をみて、真っ直ぐな（正しい——訳・校訂者）兵法の道を教え、兵法の五道《ごどう》、六道《ろくどう》（仏語。衆生が善悪の因業によって赴く五悪道・六迷界。地獄・餓鬼・畜生・修羅・人間・天——訳・校訂者）で身に付いてしまういろいろな悪弊を捨てさせ、自然と兵法の実《まこと》の道に入り、くもりのない心にするのがわが兵法の教えの道である。（中略）わが一流においては、太刀の使い方に「奥」・「口」はない。構《かまえ》にきまった型はない。ただ、心をもって（心底から——訳・校訂者）その徳《とく》を身に付けるということ、これがわが兵法で最も大切なことである。[38]

「道」の進み方に極意、秘伝、奥義などといった「観方」はない。

実戦で体験したことを覚えていく。

だから初歩も上級もない。

必要なときに必要な技を使い、対応していくだけのこと。

勿体《もったい》ぶった指導法、教授法といったものを否定する。

この「戦いの道」（ひいては、「闘いの道」）にあって、「隠している」と言ったり、「公開する」と宣伝したりすることが、いかに馬鹿げたことか。

「道を伝えるのに、誓紙、罰文などということは好まない」とし、あくまでも純粋に「道」をひたすら進んでいくことを強調する。

武蔵が伝えたいことは、誠実に努力し続ける、真っ直ぐに努力を積み重ねていく、ということに尽きる。

そう考えるから、「太刀の使い方に『奥』・『口』はない。構にきまった型はない」と言い放ち、「ただ、心をもって（心底から）その徳を身に付けるいうこと、これがわが兵法で最も大切なことである」、と武蔵は言い切るのである。

締め括りは、「空の巻」となる。

> 武士は兵法の道を確かに会得《えとく》し、そのほか武芸（弓・馬、その他の武芸——訳・校訂者）によく励み、武士の修行すべき道（文武両道——訳・校訂者）に精進し、心迷うことなく、常に怠《おこた》ることなく、心《こころ》・意《い》（智恵・意志——訳・校訂者）二つの心を磨き、観《かん》・見《けん》二つの目（大局をみる目・細心に注意する目——訳・校訂者）を研《と》ぎ、少しも曇《くも》りなく、迷いの雲の晴れわたったところこそ、実の「空」とするべきである。／実の道を知らない間は、仏法《ぶっぽう》にせよ、世間《せけん》の法にせよ、自分だけは確かな道と思い、よいことと思っていても、心の真実の道において、世の大きな（客観的な——訳・校訂者）尺度《しゃくど》に合わせてみると、それぞれの心の贔屓《ひいき》や目の歪《ゆが》みによって、実の道に背《そむ》いているものである。そのことを悟《さと》って、まっすぐなところを基準として、実の心を道として、兵法を広く修行し、正しく明らかに、大きな

ところを悟って、空を道とし、道を空とみるのである。[39]

地（ち）・水（すい）・火（か）・風（ふう）・空（くう）。

「地の巻」、「水の巻」、「火の巻」、「風の巻」を学び来しとき、その途上が、やがて「少しも曇りなく、迷いの雲の晴れわたったところ」と知る。

それが、「空を道とし、道を空とみる」に至った、印なのである。

以上、武蔵の『五輪書』を観てきた。

『五輪書』に観る、武蔵の「思い」は、「我以外皆我師」、吉川の『宮本武蔵』に出て来る「志を抱きましてからは、天地の万物を以て、また天下の先輩を以て、みなわが師と心得て勉強中の者でござります」、「師はありませぬ。幼少から父無二斎について十手術を、後には、諸国の先輩をみな師として訪ね、天下の山川もみな師と存じて遍歴しておりまする」といった文面にも顕れていた。

吉川が揮毫する際、「我以外皆我師」としたのも頷ける。

但し「我以外皆我師」そのものは、『新書太閤記』の秀吉の口からでであったが。[40]

吉川の作品に出てくる主人公（歴史上の人物）たちは、程度（階層・身分）の差こそあれ、いずれも武蔵と同じような境遇（立場）から「我以外皆我師」の境地に至っている。当然と言えば当然である。

どういった「職」の「道」であろうと、「実の道」を究めることは同様である。それは、武蔵の『五輪書』に書かれている通りである。

吉川にとって『宮本武蔵』という作品は画期となったが、それを読んだ松井にとっても影響は大きかったに違いない。

なぜなら、松井は、「大きなところを悟って、空を道とし、道を空とみる」姿を、私たちに、感動をもって、見せ続けてくれたからである。

注
（1）長島茂雄『ネバーギブアップ――キューバの太陽カリブの海に誓う――』集英社、一九八一年、二二六頁、傍点は引用者。
当時、「長嶋」ではなく「長島」であった。同書「あとがき」の末尾に本人のサインがあるが、「長島茂雄」と書かれている（同前、二五一頁）。また、本文中においても「長島」が使われている。
（2）同前、二二六～二二七頁、傍点は引用者。
（3）同前、二二七頁、傍点は引用者。
（4）同前、二二七～二二八頁、傍点は引用者。
（5）同前、二二八頁、傍点は引用者。

（6）同前、二二九頁、傍点は引用者。

（7）同前、二二九～二三〇頁、傍点は引用者。

長嶋は、こんなことも書いている。

「私は、自分自身、スカウトに向いていると思っている。スカウトには、理屈はいらない。（中略）私がひとりの選手を採用するかしないかを決めるとしたら、次の点を中心に考える。／まず、目である。目といっても、その性能を指すのではない。よい目をしているかどうかである。グイグイと押してくるような目の力があれば、野球選手としてやれる資格がある」（同前、二三一頁、傍点は引用者）。

後に、「長嶋の目」が「松井の目」を観ることになったのである。

（8）アートブック編著『国民栄誉賞　長嶋茂雄読本』コアラブックス、二〇一三年、二七～二八頁、傍点は引用者。

（9）松井秀喜『告白』ＰＨＰ研究所、二〇〇七年、一六九頁、傍点は引用者。

（10）同前、一七〇～一七一頁、傍点は引用者。

（11）同前、一〇六頁、傍点は引用者。

（12）同前、一〇七頁、傍点は引用者。

（13）「解説」、宮本武蔵／渡辺一郎校注『五輪書』岩波書店、一九八五年、一五九頁。

（14）同前、一六三～一六四頁、傍点は引用者。

（15）吉川英治『吉川英治全集15　宮本武蔵（一）』講談社、一九八〇年、九頁、傍点は引用者。

（16）吉川英治『吉川英治全集18　宮本武蔵（四）・随筆宮本武蔵』講談社、一九八〇年、二四三頁、傍点は引用者。

（17）同前、二五九頁、傍点は引用者。

（18）同前、二五九頁、傍点は引用者。

（19）同前、二五九～二六〇頁、傍点は引用者。

（20）同前、二六一頁、傍点は引用者。

（21）同前、二六一頁、傍点は引用者。

吉川は、『随筆宮本武蔵』の中で、次のようなことも書いている。

「彼の目がけた『道』への究明と、それに伴う『人間完成』の鍛錬のためには、どうしてもそう成らざるを得なかったに違いない。たとえば、武蔵が生涯、妻を娶《めと》らなかったという問題などでも、よく、『なぜ？』という話題を生ずるが、それは身を賭《と》して一道に潜心することが、いかに血みどろな苦闘精進を要するかを知る人には、すぐ解ることだと思う。しかし、その道は、余人は知らず、当人には、またなく、楽しいものであったにちがいない。なぜ芭蕉は妻を持たなかったか、西行は妻をすてたかという問題とも一つになる。芭蕉や西行の生涯の独身生活は、人は不思議ともしないのであるが、武蔵の場合には、よくそれが不思議がられるのである。しかし『道』のみでなく『剣《けん》』そのものには、いつも生死の覚悟がいる。宗教的求道者の多くが、また旅の空に生涯する者の多くが、妻を持たない以上に、武蔵が妻を娶らなかったことも、不思議ではないし、無理もないのである」（同前、二五八～二五九頁、傍点は引用者）。

「たとえば、／我れ事に於て後悔せず／と、書いているのは、彼がいかにかつては悔い、また、悔いては日々悔いを重ねて来たかを、ことばの裏に語っているし、また、／れんぼの道、思ひよる心なし／と自ら書いているのは、彼自身が自身の心へ云い聞かせている言葉であって、その情血のうちには、常に手綱を離せない煩悩やら、れんぼの愚痴やら迷いやらが、いかに複雑に潜んでいた彼であったかが、読みとれるのではあるまいか。／もし表面の文字どおりに、自身に何の不安も認めないし、枯木寒巌《こぼくかんがん》の高僧のような心境であったとしたなら、何も、あえて、そういう言葉書《ことばがき》を誌して、自戒とする必要はないであろう」。（同前、二六一頁、傍点は引用者）。

「ただあの辞句を批判的にのみ見て、武蔵の道念を高いとか低いとか、論じる人もあるが、私は以上のような見解から、他の五輪書や兵法三十五箇条などの遺文以上に、彼の独行道というものは、深く玩味《がんみ》してみると、そこに人間武蔵のおもしろさが津々《しんしん》とつつまれているような気がする。そしてここにも彼の強い反省心の特質と、不断の心がけが窺《うかが》えると思う」（同前、二六一～二六二頁、傍点は引用者）。

(22) 前掲宮本『五輪書』一六四～一六六頁、傍点は引用者。
(23) 吉川英治／吉川英治文庫刊行会編『草思堂随筆・窓辺雑草』講談社、一九七七年、二五九～二六〇頁、傍点は引用者。
(24) 同前、二六一頁、傍点は引用者。
(25) 前掲吉川『宮本武蔵（一）』一七三～一七四頁、傍点は引用者。
(26) 同前、一七六頁、傍点は引用者。
(27) 同前、一七七～一七八頁、傍点は引用者。
(28) 同前、一七八頁、傍点は引用者。
(29) 同前、一九七頁、傍点は引用者。
(30) 同前、二〇四頁、傍点は引用者。
「井の中の蛙《かわず》という諺《ことわざ》があるが、ここにいる都の小さがれども（吉岡家の伝七郎たち――引用者）は、大海の都会に住んでいて、移りゆく時勢を広く見ているくせに、却って、井の中の蛙（柳生家の面々――引用者）が知らないうちに涵養《かんよう》していた力の深さや偉大さを少しも考えてみない。中央の勢力と、その盛衰から離れて、深い井泉《せいせん》の底に、何十年も、月を映し、落葉を浮かべ、変哲もない田舎暮らしの芋《いも》食い武士と思っているまに、この柳生家という古井戸からは、近世になって、兵法の大祖として石舟斎宗厳を出し、その子には、家康に認められた但馬守宗矩《むねのり》を生み、その兄たちには、勇猛の聞え高い五郎左衛門や厳勝《としかつ》などを出し、また孫には、加藤清正に懇望されて肥後へ高禄でよばれて行った麒麟児《きりんじ》の兵庫利厳《ひょうごとしとし》などという『偉大なる蛙《かわず》』をたくさんに時勢の中へ送っている。／兵法の家として、吉岡家と柳生家とでは、比べものにならないほど吉岡家のほうが格式が高かったものである。けれど、それは昨日までのことだった。――それをまだ、ここにいる伝七郎や他の手合は気がつかない。／（吉岡伝七郎たちの勝手な自慢話を聞いていた――引用者）武蔵は、彼らの得意さが、おかしくもあり、気の毒にも思えた」（同前、二〇九頁、傍点は引用者）。
(31) 同前、二〇六頁、傍点は引用者。

(32) 吉川英治著／松本昭編『われ以外みなわが師――私の人生観――（新装）』大和出版、一九九二年、九四頁、傍点は引用者。

(33) 宮本武蔵／訳・校訂大倉隆二『決定版　五輪書　現代語訳』草思社、二〇一二年、一五～一七頁、傍点は引用者。

(34) 同前、二五～二七頁、傍点は引用者。

(35) 同前、三一～三三頁、傍点は引用者。

(36) 同前、三九～四一頁、傍点は引用者。

(37) 同前、七六～七八頁、傍点は引用者。

(38) 同前、一一四～一一七頁、傍点は引用者。

(39) 同前、一二〇～一二二頁、傍点は引用者。

(40) 「秀吉は、卑賤《ひせん》に生れ、逆境に育ち、特に学問する時とか教養に暮らす年次などは持たなかったために、常に、接する者から必ず何か一事を学び取るということを忘れない習性を備えていた。／だから、彼が学んだ人は、ひとり信長ばかりでない。どんな凡下《ぼんげ》な者でも、つまらなそうな人間からでも、彼は、その者から、自分より勝《まさ》る何事かを見出して、そしてそれをわがものとして来た。／――我れ以外みな我が師也。／と、しているのだった。／故に、彼は一箇の秀吉だが、智は天下の智をあつめていた。衆智を吸引して品質の中に濾過《ろか》していた。また時々、濾過しない衆《しゅう》愚《ぐ》らしい振舞も見せ（演じて見せ――引用者）、本質の個性をむき出して見せる場合もあるにはある。彼は自分を非凡なりとは自信していたが（自分を信じていたが――引用者）、我れは賢者也とは思っていない」（吉川英治『吉川英治全集23　新書太閤記（五）』講談社、一九八〇年、七六頁、傍点は引用者）。

第4章　空海と松井の風景

空海と松井

前章で引用した、松井の『告白』（二〇〇七年）にあった、次の一文を、もう一度思い出してほしい。

武蔵は天才なんだろうけれども、努力をした人だと思います。そういう点では空海と一緒だと思います。だからこそ、彼は天才だと思います。天才だけど努力をする。だから、天才。努力できることが才能だと思います。／生まれたときから天才という人はいるかもしれませんが、努力をしなければ天才は絶対に維持できない。／僕は天才ではありません。天才として生まれていないし、努力もしていません。まだまだやることがたくさんあるし、努力が足

りないと思っています。(1)

松井にとって、「天才」とは「天才なんだろうけれども、努力をした人」、それは武蔵であり、その先には、空海という大きな「存在」が控えていたようである。

確かに、空海は、「天才」である。

それも、大がつく、「天才」であろう。

大がつくほどに、「努力をした人」、だっただろう。

松井は、『不動心』(二〇〇七年)の「はじめに」で、次のようなことを書いている。

これまで、巨人にいた時も、ニューヨーク・ヤンキースに来てからも、毎日のようにメディアの方の取材に応えてきました。僕としては、彼らを通じて自分の状態をお伝えしていたつもりですが、いい子すぎてつまらない、などとも言われてきました。本音を言っていない、と思われているところもあるようです。/ならば、本当はどんなことを考えているのか。また、そう思われてしまうのはなぜなのか。本書では、そうしたところも素直にお伝えできたらと思っています。/二〇〇五年末に石川県の実家にオープンした「松井秀喜ベースボールミュージアム」に、僕はこんな言葉を掲げています。/〈日本海のような広く深い心と/白山《はくさん》のような強く動じない心／僕の原点はここにあります〉／「広く深い心」と「強く動じない心」――すなわち「不動心」を持った人間でありたいといつも思っています[2]。

右の、松井の文章を読むと、空海著『三教指帰』「序文」が、私には、突如思い浮かんできた。

およそ文章を作るには必ずその理由があります。空が晴れ渡っている時には必ず太陽がそのおおもとに現れているように、人が心になにかを感じた時にこそ、人は筆をとって、その想う所を文章であらわすのです。中国太古の皇帝伏羲《ふくぎ》氏の作《さく》と伝えられる八卦《はっけ》（易の八つのかたち）の説も、老子《ろうし》の著《あら》わした『道徳経』も、周時代までの詩である『詩経《しきょう》』も、楚《そ》の国の文章を集めた『楚辞《そじ》』も、これら古典はいずれも、先《ま》ず作者の心に感動するものがあって、それを紙の上に書き誌《しる》したものなのです。これらのすぐれた作者と私たちとは人柄《ひとがら》も別ですし、時代も違っていますが、文章を作るという点では同じです。文章とは人間が心の内に動く思いを外に写すのです。私はどうしてもいまここで私の志を文章にして述べたいのです[3]。

空海の「人が心になにかを感じた時にこそ、人は筆をとって、その想う所を文章であらわすのです」、「文章とは人間が心の内に動く思いを外に写すのです。私はどうしてもいまここで私の志を文章にして述べたいのです」というのは、松井の「本音を言っていない、と思われているところもあるようです。／ならば、本当はどんなことを考えているのか。また、そう思われてしまうのはなぜなのか。本書では、そうしたところも素直にお伝えできたらと思っています」に当たる。

空海は続ける。

私は、十五歳で母の兄弟である阿刀大足《あとのおおたり》氏について学びました。氏は漢学者で、親王《しんのう》に事《つか》える「文学」の官職にあり、従五位《じゅごい》でしたが、この人について慕い学びました。十八歳で、都《みやこ》にのみ、しかもただ一つしかない大学に入学が許され、講義を聴きました。昔から、貧《まず》しくて灯油が買えないために蛍《ほたる》の光や窓の雪あかりで学んだという故事や、読書中の眠気《ねむけ》を払うために首に縄をかけたり、股《もも》を錐《きり》でつっついたりしたという故事がありますが、それさえまだ不十分だと思うくらいの気持で熱心に勉強しました。ところがある時、一人の仏道修行の僧侶《そうりょ》に会いました。この人は『虚空蔵菩薩求聞持法経《こくうぞうぼさつぐもんじほうきょう》』というお経を示し教えてくれましたが、そこには「もし人がここに示された修法《しゅほう》によってこの真言《しんごん》を百万遍《べん》となえれば、一切の教えの文章や意味を暗記することができる」と書いてあったのです。(4)

これまでも、努力はしてきた。

空海は、当時の大学を「受験」し晴れて合格するのだが、そのための「受験勉強」に大いに勤しんできたのだ。

そして、大学入学後は、なされる講義を一所懸命「受講」することに、ひたすら勤しんできた。が、「真言」との出会いによって、空海の努力は、「受け身の（消極的）努力」から、「主体性」を前面にした、「能動的（積極的）努力」へと変化していったようである。

「真言」との出会いが、「努力」の質を変えたのだ。

「真言」は「仏の道」、武蔵の「剣の道」、すなわち「実の道」に通ずるものである。

このことは、非常に重要なことである。

　このみほとけのことばを信じて私は、昔の人が火をおこすのに木や石で錐《きり》もみし続けたように絶え間なく努力してみました。郷土の四国へ帰って阿波《あわ》の大滝嶽《だいりょうだけ》によじ登って修行したり、土佐の室戸《むろと》岬《みさき》に行って修行し念誦《ねんじゅ》しました。山中で一人修行して大声で真言《しんごん》をとなえていますと、こだまがすぐにかえってきて、自分の心の手ごたえになりましたし、また清々《すがすが》しい朝夕の明星を仰いでいると、自分の胸のうちにも、みほとけの霊応《れいのう》を感得すること

ができました。(5)

郷土の四国へ帰って、「真言」をとなえ、空海が感得した「霊応」。

それは、松井が実家（「松井秀喜ベースボールミュージアム」）に掲げた、「日本海のような広く深い心と／白山《はくさん》のような強く動じない心／僕の原点はここにあります」という言葉、そして「『広く深い心』と『強く動じない心』――すなわち『不動心』を持った人間でありたい」という言葉とを彷彿させる。

そして、空海の「決断」が近づく。

そうしているうちに、やがて、栄達を競う朝廷での仕官《みやづかえ》の生活にも、あるいは利益を追い求める市場《しじょう》での駆引《かけひき》の生活にも次第に離れていくような心持ちになってきました。そして巌山《いわやま》や藪沢《やぶさわ》にたなびく煙《もや》や霞《かすみ》に親しむ生活になれてきて、世俗《せぞく》を抜《ぬ》け出た大自然の中の生活に心引かれるようになったのです。／軽やかな衣装《いしょう》を着て肥《こ》えた馬に乗り、水の流れるように都《みやこ》を走り廻《まわ》る貴族たちの生活を見ていると、いまはときめいている彼らの生活もやがて電光《いなびかり》のようにまた幻化《まぼろし》のようにはかなく消え去っていくのだと思い、人の世の無常を嘆《なげ》く心にさいなまれるのです。また身体《からだ》が不自由な人々や、ぼろをまとっている人々の生活を見ては、人の世の悲しみが心にひびいて何ともいえない苦しさをおぼえるのです(6)。

空海は、「人が心になにかを感じた時にこそ、人は筆をとって、その想う所を文章であらわすのです」、「文章とは人間が心の内に動く思いを外に写すのです。私はどうしてもいまここで私の志を文章にして述べたいのです」というように、自らの「思想」・「志」を記す。

このようにして、私の目にふれるすべてが私の心を仏道に傾斜《けいしゃ》させ、私を仏道の修行へとかり立ててしまいます。吹く風にも似《に》たこの想《おも》いをいったいだれが引き止められましょうか(7)。

こうして、空海は、真に「努力し続ける」がために、大学を去り、「仏道」修行に向かうことを「決断」したことがわかる。

松井も、「決断」ということについて、次のように記している。

生まれてから今まで、様々な決断をしてきました。中学を卒業するときに野球の強い星稜高校に行こうと決め、高校を卒業する時にはプロへ行こうと決意しました。その時々、周囲の人にアドバイスをもらいながらも自分で決めてきました。／プロ入りする際は、ドラフト会議で球団が決まりました。僕の意思ではなく、抽選で長嶋監督に当たりクジを引いてもらったわけです。しかし、「どこの球団であれプロに行こう」と決めたのは自分です。阪神だったらいいなとは思っていましたが、どこでも断るつもりはありませんでした。結果的に自分で下した決断だと考えています。[8]

そして、「大リーグ移籍決断」に至る。

大リーグ移籍を決める際も、自分で決断しました。二〇〇二年に僕はフリーエージェント（ＦＡ）権を取得し、宣言すれば、どこの球団とも自由に交渉できる資格を持ちました。僕にとっては巨人に残るか、大リーグ球団へ移籍するか、選択肢は二つに一つしかありませんでした。／迷いました。巨人に残り、王さんが持つ年間55本塁打に挑戦し、三冠王を目指し、それこそＶ９に匹敵するような強いチームになるべく先頭に立って引っ張っていくのも、素晴らしい選択肢だと思いました。[9]

もちろん、どちらの選択肢が正解かは分かりません。自分で納得した道を進み、後悔しなければ、それが正解と言えるのでしょう。周囲の人々に相談はできても、こうした大きな決断を他人任せにはできません。迷いました。本当に迷いました。／最後は「自分に正直」になりました。お世話になった人の意見や、周囲の状況は色々とあります。でも、一度白紙になって、自分に向かい「おい、松井秀喜、お前の本心はどうなんだ。どうしたいんだ」と問いかけました。僕の心は、即答しました。／「大リーグでプレーしたい」[10]。

松井は多くを語らないが、「お世話になった人の意見や、周囲の状況は色々とあります」という文面から、色々察せられるところがある。

同様に、空海も、実際、悩まされた。

ここに一人の親戚と多くの友人知己たちが、私が大学を中退して仏道修行に進むことに猛反対して、それは忠孝の道にはずれることだというのです[11]。

松井が、自分自身の心に向かって、「おい、松井秀喜、お前の本心はどうなんだ。どうしたいんだ」と問いかけ、「大リーグでプレーしたい」と即答できたように、青年空海にも最終的に「迷い」はなかった。

ゆえに、「忠孝の道にはずれる」という周りの意見に対して、次のように記している。

　けれども私はこう思います、およそ、ものの情《こころ》は一つに固定してはいないのです。鳥は空を飛び、魚は淵《ふち》にもぐるように、人もそれぞれ性質が違うのです[12]。

もっと言えば、「道」を見出し始めた者に対し、「道」を意識せざる人々の言葉は、何の影響力もない、それだけである。

空海は、正直に言う。

　文を綴《つづ》って三巻とし、『三教指帰』と名づけました。ただひとえに私のやみがたい気持を表わしたかっただけであります[13]。

空海なり、松井なりの、それぞれが「決断」をせまられた「状況」、それがダブってくるのだ。

もっと言えば、彼ら二人の「風景」がダブってくるのである。

松井の「不思議（運命）」――祖母「瑠璃寿」のこと――

赤木ひろこの『ひでさん――運命の赤い糸をたどって――』（二〇〇二年）という本を、初めて読んだとき、私は正直びっくりした。

松井の祖母「瑠璃寿」について、以下のようなことが書かれていたからである。

> 瑠璃寿さんの本名は松井みよ。旧姓は、北風《きたかぜ》といった。松井与三松と結婚して、松井家にはいった。／みよは霊感が強く、自分の手を患部に当てることによって、多くの人々の病気を治した。悩みを抱えている多くの人が相談に訪れた。みよは未来を見通す不思議な力で人々の悩み事を解決し、救った。／夫の与三松は、根上町で織物業を営み、二十人以上の女性工員さんが住み込みで働いていた。広い敷地に工場を作り、絹織物で大成功を収め一代で財を築いた。みよはそんな家で何不自由ない暮らしを送った。時にはお札が天から舞い降りて来るように、また時には、金庫においてある紙幣が葉っぱに思えるほどだった。[14]

霊感の強かった少女は、やがて幸せな結婚をする。

経済的にも大変恵まれた。

だが、突然、「松井みよ」が「道」を見出し、「松井瑠璃寿」として生きていくようになっていく。

孫、秀喜が「巨人軍の不動の四番」の座を捨て、「大リーグ移籍」を決断したのと同じような「思い」を感じる。

空海が、将来を保証された大学を去り、「仏道」修行に向かうことを決断した姿も思い浮んでくる。

いずれにしても、傍から見ると、何ゆえに安泰な地位・場所から、敢えて厳しい「道」を選ぶのだろう、ということになる。

みよの話に戻る。

しかし、その一方でみよは、／——一生懸命働いてお金は貯まるけれど、なぜか虚《むな》しい……。／そう感じていた。／そして、ある日みよは、与三松に申し出た。／「お金儲けより、人助けがしたい」／二人は全盛期をむかえた事業をたたみ、名古屋の天祖光教《てんそこうきょう》の本部に移り住んで宗教の世界に入った。その後、根上町に戻って独立した。名前もみよを瑠璃寿に改め、瑠璃教会を設立した。その時四十八歳だった[15]。

なんと、劇的な行動であろう。

非常に不思議な感じがして、さらに調べていくと、松井の父、松井昌雄も、『秀さんへ。――息子・松井秀喜への一七八通の手紙――』（二〇〇三年）で、次のように書いていた。

わたしには両親が二組あります。自分を生んでくれたおやじとおふくろ。そして、養子先の父と母です。／母の瑠璃寿には子供がありませんでしたが、いつもいっていたそうです。「わたしには男の子が一人おる。いまは神様の仕事（信仰のこと）が忙しいので人様に預けてあるんです[16]」

松井の父は、続ける。

瑠璃寿というのは三十三観音の瑠璃観音からいただいた宗教名で、先述したように、本名は「みよ」。明治三十七年生まれ。旧姓は北風といいます。／北風みよは霊感の強い少女でした。病む人の姿や顔色を見ただけで、身体のどこが悪いのか、原因も明かし、病を何度も治しました。みよは子供のころから祖母や母に連れられ、お寺のお説教を聞いて歩いたそうです。大人になっても、霊感は衰えるどころか、研ぎ澄まされていきました。（中略）瑠璃寿は近所の人たちの病気を次々に治し、／「山口（町の名）の神様《かんさん》」／と呼ばれ、何年も、何十年も、病を治してほしいと願う人たちの列が絶えなかったそうです。[17]

その後、瑠璃教会を設立していく件は、既述のごとくであるが、不思議なことはまだまだ続く。

当時、瑠璃教会は松井夫妻（瑠璃寿と夫の与三松――引用者）のほかに、男女四人の教役の人たちが住み込んで働いていました。そこへわたしたち二人が加わり、食事のときなどは大変賑わしいひとときでした。夕食が終わり、それぞれが部屋に戻った後、わたしたち二人と瑠璃寿との三人でいろいろな話をしました。ある日、わたしはどうして見知らぬわたしを我が子だといったのかと瑠璃寿に尋ねました。瑠璃寿はニッコリとほほ笑み、おもむろに話し出しました。／「上田つるさんがある日、昌雄さんの名前、生年月日、住所などを書き、この教会の神様の子になりますようにとお祈りしました。わたしは夜一人になり、昌雄さんが神様の子として生涯しあわせな人生が送れますようお願いしたのです。そのとき、神様の

お声があり、この子はおまえの子であるというお告げがあったのです」と話してくれました。(18)

何という不思議。

さらには、この不思議な祖母「松井瑠璃寿」は、孫となる「松井秀喜」の誕生とその後の活躍をも、予知していたようなのである。

不思議を通り越したものを感じる。

それからしばらくしたある日、瑠璃寿は朝食を終えたさえ子（松井さえ子。松井昌雄の妻となり、秀喜を産むことになる――引用者）と二人きりになったとき、広げていた新聞を静かに閉じると、「さえ子や、いまに松井という名前が新聞を賑わす時代が来るよ」と話したのです。（中略）わたしは二年前でしたか、当時（いまから三十三年前）瑠璃教会に住み込んで教役の仕事をしていた女性から驚くべきことを聞きました。ある日、夜の礼拝を終えたあと瑠璃寿が「将来松井の家から運動選手が出るかもしれない」と話したそうです。この話を彼女から聞かされたときは本当にびっくりしました。(19)

そして、松井の父は、次のように記すのである。

わたしが瑠璃寿と出会い、松井家に入って、わずか七カ月。結婚してからは、わずか一カ月半。瑠璃寿はまるで飛び立つ鳥のように去っていきました。しかし、そのことも、全て神によって定められていたことなのでしょう。「生は即ち使命なり、これ法（神）とともなり」という真理に帰結するのかもしれません。／松井秀喜が間違いなくこのような先祖のおおきな徳によって存在し、また松井秀喜自身も与えられたその使命を果たすことによって多くの人に夢を与え勇気を与え新たなる使命を果たしつつ子孫に徳を残すのでしょうか。／巡りあう人と人との使命のなかに人の尊さを感じます(20)。

「瑠璃寿」は、養子をとって七カ月、その養子が嫁を娶って一カ月半のうちに、「まだ見ぬ孫（秀喜）」の将来を見据え、すべてを為し終えた（使命を果たした）ように逝った。

何と凄い人生であろう。

「生は即ち使命なり、これ法（神）とともなり」、「巡りあう人と人との使命のなかに人の尊さを感じます」という言葉に、凄みを感じるのは私だけであろうか。

「宿命」という言葉がある。

「運命」という言葉もある。

どういった環境に生まれ落ちるか、これは変えられない、すなわち「宿命」、宿った「命」である。

しかし、「命」を運んでいるうちに、どのような環境にいきつくか、あるいはどのような環境を創り出していくか、それは分からない。

変幻自在なのである。

私が勤務する短大（金沢星稜大学女子短期大学部、通称「星短」）の、ある一人の学生が言った。

「スタート地点（宿命）は変えられないが、ゴール（運命）は変えられる、自分次第なんですね」、と。

命を使いながら一生懸命に「道」を行く。

使命を果たす、命を運んで行く。

「巡りあう人と人の使命のなか」で、色々な、新たな経験、体験が組み合わさって、自らのうちにも、いわゆる「イノベーション（innovation）」が生じる。

「セルフ‐イノベーション（self-innovation）」とでも言っておこう。

「道」ないし「実の道」は、そこを歩む個人が死しても続く。

真の「道」であるならば、その跡（努力）は続く。

そこに血縁等は、必要条件でもないし、十分条件とはなりえない。

真の「道」のDNAは、血縁等で、途切れることはない。

「ビュフォンの言葉」は、フローベル－モーパッサンを通じゴッホに届き、硲伊之助－松井昌雄から松井秀喜に贈られ、引き継がれている。

「ディマジオの道」は、砂押邦信－長嶋茂雄から、そしてヘミングウェイの『老人と海』から、松井秀喜にもたらされ生き続けている。

「武蔵の道（実の道）」も吉川英治の『宮本武蔵』から、あるいは長嶋茂雄も絡んで松井秀喜が歩んでいる。

空海の「真言」さえも、「瑠璃寿」→「昌雄・さえ子」から松井秀喜に至って、今がある、そういう気がしてならない。

以上のすべては、同じ「道」を示している。

そのように、私には思えてきた。

そういえば、前章で扱った「松井の『武蔵』観」のところで、松井が次のようなことを書いていたのを、憶えているだろうか。

　野球をしているときも、日常生活をしていても神様の存在を感じることがたくさんあります。それはいいときも、悪いときも、感じます。特別な瞬間ということではなく、ふとした瞬間に神様のことを思います。いいことがあれば、神様がこうしてくださったと思うし、何か悪いことがあれば、これは神様の戒《いまし》めだと思います。色んな場面でそう感じるし、そういう風に自分で考えています。だから、常に神様が見ていると思って行動しなくてはいけません。日常生活も、野球も含めて、神様が自分を見ていると思って行動しなくてはいけません。[21]

僕は野球のためだけに生きているわけではありませんから、引退したら違う目標ができるかもしれません。それが野球に関することか、そうでないかは分かりませんが、そのためにやらなくてはいけないことは、ちゃんとやらなくてはいけません。人生の中で、いろいろな選択肢があったら、厳しいところに進んでいきたい。楽をしてはいけません。そして、楽をしても面白くありません。厳しいところに突っ込んでいくから、面白いと思っています。[22]

「瑠璃寿」という「存在（使命）」が、松井秀喜にしっかりと伝わっていることがわかる。

「お金儲けより、人助けがしたい」と、松井みよが「瑠璃寿」となった日から……。

空海の「不思議（運命）」――司馬遼太郎『空海の風景』から――

司馬遼太郎の『空海の風景』（一九七五年）を観ていくことにする。

ともあれ空海は、この漢訳をよむことによって大日経の理論は理解できた。／ただし、空海にも解《げ》せない部分がある。大日経には、仏と交感してそこから利益《りやく》をひきだすという方法が書かれている。その部分は、秘密（宇宙の内面の呼吸のようなもの）であるがために、宇宙の言語である真言を必要とし、また交感のためには真言だけでなく印《いん》を結ぶなどの所作を必要とした。この部分は大日経においても文章的表現が困難であるだけでなく、多くは梵字《サンスクリット》で書かれている。やがてかれは唐へ入ってインド僧に梵字を学ぶが、しかしこの時期においても素養はすでにあったかのようである。とはいえ、この真言という秘密語までは解くことができず、いずれにせよ、密教は半ばは教理で構築されているが、他の半ばはぼう大な方法の集積であるためにこればかりは手をとって伝授されることが必要であった。／空海はこれがために入唐を決意した。大日経における不明の部分を解くためであった。空海の入唐目的ほど明快なものはない。かれは多くのひとびとのように栄達のために唐へゆこうとしたのでもなく、文明へのあこがれのために長安を見ようとしたのでもなかった。久米寺で見た大日経についての疑問点を明したいためというだけのものであり、遣隋・遣唐使の制度がはじまって以来、これほど鋭利で鮮明な目的をもって海を渡ろうとした人物はいない[23]。

「真言」をものにするため、空海は入唐することに決めた。

海を渡ったのである。

「栄達のため」や「文明へのあこがれ」といったものは微塵もない。

「真言」という「道」を我が身とするため。

「実の道」を歩むがため。

ただ、それがため、それしかない。

既述のごとく、空海は、ある仏道修行僧と出会った際のことについて、「この人は『虚空蔵菩薩求聞持法』というお経を示し教えてくれましたが、そこには『もし人がここに示された修法（しゅほう）によってこの真言を百万遍となえれば、一切の教えの文章や意味を暗記することができる』と書いてあったのです」としている。

「真言」は、繰り返し、凄まじいまでに繰り返すことに意義がある。

松井の「練習、練習、練習……」。

松井が、飽くことなく、繰り返した「素振り」と同じなのだ。

松井は言う。

「未来」へ向けた一つの決意として、僕は素振りを欠かしませんでした。これは努力すればできることです。試合に勝った日も、ホームランを打った日も、大敗した日も、ヒット一本打てなかった日も、必ず素振りをしてきました。／打った日は、自分を誇らしく思います。しかし、その気持ちは一歩間違えると慢心に結び付いてしまいます。逆に打てなかった日は、落ち込んでしまいます。そうすると、一歩間違えれば気持ちが腐ってしまいます。／そのどちらも「未来」へプラスにはなりません。そこで僕は、素振りをしながらリセットするのです。（中略）素振りには思い出がたくさんあります。中学時代、試合に負けて家に帰りました。とても悔しくて、家族と話していたら泣いてしまいそうでした。涙は見られたくないので自分の部屋にこもって、しばらく泣いていました。そのとき思ったんです。／「もう負けたくない」。ならば何をするか。考える必要はありません。練習するしかありません。明日から、また厳しい練習を頑張ろう。「もう負けたくない」。いや、明日からではなく今からだ。いてもたってもいられず、部屋の中で泣きながらバットを振りました。／もしかするとそのとき、一晩寝てしまったら、悔しさを忘れてしまったかもしれません。しかし、泣きながらバットを振った思いは、そう簡単に消えてなくなりません。／失敗を悔やんでも仕方がないという話と、矛盾を感じる人がいるかもしれません。しかし、失敗と付き合うことは「あきらめる」ことではありません。すぐに忘れてしまう、あるいは達観することでもありません。／悔しさは「過去」ではなく「未来」へぶつけるのです。僕にとっては、それが素振りです[24]。

「真の言」とは、実践であり行動であり、成果だ（ここでは、単なる結果と区別する、成果は聖果に通ずる）。

成果が出るまで、繰り返せたか、これだ。

だから、繰り返す回数は半端でない。

百万遍。

お経を百万遍唱えれば、バットを百万遍振れば、何かが観えてくる。

それは、「観想」に通じる。

「神（仏）」の存在を「直感」し、合一、一体と化すのである。

自らを超えた瞬間である。

天を信じる。

自らを信じる（自信）。

このとき、「努力できることが、才能である」とは、「努力できる（百万遍繰り返すことができる）」という「才能」が「天（神）」から与えられたものである、と悟ることになる。

これが、天与の才、「天才」である。

ゆえに、「天才」は謙虚なものとなる。

武蔵の「実の道」も空海の「真言」も、どちらも結論は「空」なのだ。

おかしな表現かもしれないが、

山は天空、海は地上（地球上）を表す。

すっきり曇りない空（天）を衝く山、白山。

白山は天空を表す。

真っ青に澄んだ地球を顕す海、日本海。

日本海は地上を表す。

地（球）上から天空（宇宙）に真っ直ぐに延びていく「実の道」、そして「真言」。

「真言」、釈迦が悟りを開く際の心の様が「不動心」であり、その心象が「不動明王」。

空海が日本に持ち込んだものである。

「不動心」、どのような災厄・災難に遭遇しようと、何れの邪鬼・悪鬼に対しようとも、不動の心。

松井は、「日本海のような広く深い心と／白山《はくさん》のような強く動じない心／僕の原点はここにあります」、「『広く深い心』と『強く動じない心』――すなわち『不動心』を持った人間でありたいといつも思っています」と記し、自らの著書に『不動心』と冠した。

空海も、動じることなく、日本海を渡り切った。

その言葉どおりに、本当に、唐へとたどり着いたのだ。

たどり着けるだけで幸運な時代であった。

そういう時代に、ほぼ真っ直ぐ「青竜寺の恵果」に、空海は出会うことができた。

「真の言（ことば）」は、「誠」と「実」、に通じる。

「誠実」とは、「言」を「成」し、「実」らせることである。

> 恵果の門人は一千人といわれた。／しかしながら、俊才にめぐまれなかった。（中略）恵果は、多病になっていた。空海が入唐する前々年、自分の寿命のながくないことをさとり、義明ら七人の高弟を枕頭によんで法燈護持について遺言したということは、すでに触れた。ところが、義明をのぞいては恵果は両部（傍点は司馬）をふたつながら伝えたわけではない。

両部とはいうまでもなく金剛頂経系と大日経系のことであり、言いかえれば金剛界の世界観と胎蔵界の世界観のことで、恵果がその両部を一身におさめた唯一の僧であることは繰りかえしのべた。恵果はその高弟たちに伝法するにあたってそのいずれか一つを授けたのみで、二つながらを授けたのは法臘《ほうろう》（得度してからの年齢）主座の門弟である義明だけであった。ところがこの義明は空海が長安にあるときに死の床についていたか、それともこの前後に亡くなったかで、要するに、この時期の恵果のさびしさは、自分のすべてをゆずるに足る門人を持っていないということであった。空海は、そういう機《しお》に長安にきた。むろん、空海がもしこの翌年に長安に来たとすれば、恵果も義明もなく、大唐帝国には両部の灌頂の師はひとりもいないというはめになっていた。空海は、インド・中国をふくめた密教発達史上、きわめて得がたい機会に長安に入り、恵果に会ったということになる[25]。

「金剛界の世界観（心に懐く精神性の世界）」と「胎蔵界の世界観（現実に映る物質性の世界）」とを、両の手を合わせるがごとく、合一・一体化させる「観想」によって、「真言」をものにする（「実の道」を歩む）、すなわち宇宙（神仏）と「感応道交」し得ることになるのである。

これを成し得る「空海の登場」は、恵果にとって、測り知れない「使命」と「運命」とを感じさせたことだろう。

「松井の巨人軍入団」と「長嶋の巨人軍監督復帰」の一致、というものを想起させる。

単なる偶然ではない、必然的一致を感じる。

「使命」と「運命」。

「空海と恵果」、「松井と長嶋」、符合する。

もし、松井が星稜高校を卒業する際、巨人軍監督に長嶋が復帰せず、前監督のままであったら

……。

否、それは最初からなかったのだ。

「使命」と「運命」をもって、伝えられる「道」は一つであるから。

　恵果の空海に対する厚遇は、異常というほかない。／空海をひと目みただけで、この若者にのみ両部をゆずることができると判断し、事実、大いそぎでそのことごとくを譲ってしまったのである。空海は日本にあってどの師にもつかず密教を独習した。恵果は空海を教えることがなかった。伝法の期間、口伝《くでん》の必要なところは口伝を授け、印契その他動作が必要なところはその所作を教えただけで、密教そのものの思想をいちいち教えたわけでなく、すべて空海が独学してきたものを追認しただけである。空海の独学が的《まと》外れなものでなかったことを、この一事が証明している。(26)

「空海は日本にあってどの師にもつかず密教を独習した」、「空海が独学してきたものを追認しただけ」、「空海の独学が的外れなものでなかった」という文面を見た瞬間、私は想い出した。加藤秀俊の『独学のすすめ——現代教育考——』(一九七五年)のことを。

それは、ちょうど私が一七歳になったころであった。

尾崎豊の『十七歳の地図』(一九八三年)や『卒業』(一九八五年)ではないが、いわゆる「大人」、なかんずく「先生(教師)」という存在」に対して不信感というものを抱き、「反抗」という「努力」を繰り返していた。

そういうとき、『独学のすすめ』に、私は出会った。

しかし、学校を去る勇気(「つよい精神」)は、私には結局なかったが。

じっさい、かんがえようによっては、学校というものは、「独学」では勉強することのできない人たちを収容する場所なのだ、といえないこともあるまい。一般的には、学校に行けないから、やむをえず独学で勉強するのだ、というふうにかんがえられているが、わたしのみるところでは、話はしばしばぎゃくなのである。すなわち、独学できっちりと学問のできない人間が、やむをえず、学校に行って教育をうけているのだ。学校は、いわば脱落者救済施設のようなもので、独学で立ってゆけるだけのつよい精神をもっている人間は、ほんとうは学校に行かなくたって、ちゃんとやってゆけるものなのである[27]。

わたしなどのみるところでは、日本の哲学のなかには、一種の遍歴思想のようなものがあり、人間というものは、あちこちを移動することによって訓練されるのだという信念も存在していたようでもある。たとえば、ほんとうにそれがひろくおこなわれていたかどうかはべつとして、武者修行というものがあった。すくなくとも、講談や映画の世界では、およそ剣に生きようという若い侍は、どこかの道場で基本を身につけると、旅装束をつけて旅に出る。そして行く先々の村や町の道場を見つけると、頼もう、と声をかけ、そこの先生に稽古をつけてもらうのであった。ときにはとっちめられることもあったろうし、生命の危険を感じることもないではなかったろう。しかし、こんなふうにして、じぶんがそれまで知らなかった土地で知らなかった人物を相手に剣の上達をめざすこと——それが武者修行というものなのであった[28]。

鮮烈な印象を、未だ忘れ得ない。

「独学」という響きが、ずっと残っている。

空海の「独学」。

今回、この『独学のすすめ』を再読した後、もう一度、第3章で扱った吉川英治の『宮本武蔵』のことを考えてみた。

「独学」とは、吉川の「我以外皆我師」、すなわち、武蔵の口から言わしめたところの「後に志を抱きましてからは、天地の万物を以て、また天下の先輩を以て、みなわが師と心得て勉強中の者でござります」に行き着くものと、この私にもやっと理解できるようになった。

そういう意味で、「真言」をものにしようと海を渡った「努力」（空海）、諸国を巡りながら「実の道」を歩まんとする「努力」（武蔵）も、いわば「独学」なのである。

空海も武蔵も、そして松井も「独学の人」なのである。

「すべてのもの」から「師となすもの」を観出《みいだ》し得るゆえ、「恩師となる人」とも出会える運命をもつ。

そのとおりだろう。

第2章のはじめ、「長嶋との運命的『出会い』」で紹介した、松井の回想を再録する。

松井は「一対一の指導」について、以下のように述べていた。

一対一の指導という意味では巨人での長嶋茂雄監督が初めてだった。高校三年間でそれなりの経験をし、打撃に対する知識もある程度ついた。その段階で初めて技術指導を受けたことには大きな意味があった。／受けた指導と自分の感覚とのすり合わせができるレベルに達したところで、最高の指導者の下へ送り込まれたわけだ。アマチュア時代の細かい指導で伸びる選手もいるだろうが、僕の場合はこれが最高のタイミングだった。／監督の意図することはすぐに分かった。必ずしも高い要求に応えられたわけではないが、求めを理解できなかったことはない。それは長嶋監督が僕の中に入り込み、僕の視点から打撃を追求していたからだろう。別世界に入り込んだような表情で僕のスイングを見つめていた監督は、松井秀喜という選手に同化して一緒にバットを振っていたのだと思う。[29]

繰り返すが、松井は「受けた指導と自分の感覚とのすり合わせができるレベルに達したところで、最高の指導者の下へ送り込まれたわけだ」、「監督の意図することはすぐに分かった」、「長嶋監督が僕の中に入り込み、僕の視点から打撃を追求していた」、「別世界に入り込んだような表情で僕のスイングを見つめていた監督は、松井秀喜という選手に同化して一緒にバットを振っていた」という表現をしている。

司馬の「恵果の空海に対する厚遇」についての叙述と重なってくる。

恵果と空海、長嶋と松井。

『不動心』でも、松井は、次のようなことを書いている。

> ちょっと調子が悪いとき、いや調子がよいときでも、ベッドで寝ていると長嶋さんからの電話がかかってきました。／「おい松井、バット持ってこいよ」。慌てて着替えて、バットを持って自宅を飛び出したことが何度もあります。時には長嶋さんの自宅で、時にはホテルで、二人だけの特訓が繰り返されました。／長嶋さんはスウィングの音をチェックします。それしか気にしていないと言ってもいいくらいです。眼をつぶって、僕が振るバットの音だけを聞いていました。「いまの球は内角だな」「うん？　外角低めだったか」など、長嶋さんにしかわからない感覚をお持ちでした。前の日にホームランを打ったとか、凡退しているといった結果は関係ありません。鈍い音がすると叱責され、休む間もなくスウィングを繰り返しました[30]。

この「音のチェック」は、愛弟子に確実に伝わった。

バットが風を切る音がします。うまく文字にできませんが「ピッ、ピッ」と鋭い音が聞こえると安心します。／ときには「ボワッ」と鈍い音がしてしまう日もあります。自分の感覚はごまかせません。周囲の人は、ヒットという結果が出ていれば、「松井は好調」と評します。しかし、ヒットが出ていても調子が下降している時はあります。どんな状態であれ、自分の感覚と会話しています。松井秀喜というバッターを評価するとき、自分が一番厳しい評論家であるべきだと思っています[31]。

空海の話に戻る。

ところで、僧実慧は、空海の弟子である。／かれが、空海と同国の人であり、俗姓が佐伯氏であるところから、濃淡はともかく、血縁だったかもしれない人物である。空海にもっとも早く接し、空海の帰朝後、最初といっていい時期に弟子になった。空海は、高野山を実慧に譲った。／この実慧が、唐の長安に空海の死を報じている。／異域の小さな国の僧の死が長安に報じられるという例は、空海以前にはなく、その後も絶無ではないかと思える。／たまたま幸運があって、託したのである。実慧が託して青竜寺へ送った文章は、残っている。／

まず、空海の帰国後の活動を列挙して師の恵果の期待にそむかなかったことを述べ、素志あって終焉の地を南山（高野山）に卜《ぼく》し金剛峯寺と名づけ、承和元年に都を去ってこの山に住したことまで触れている。文中、／「二年季春」／というのは、承和二年春のすえのことである。空海は死んだ。実慧は、師匠の死を表現して、「薪尽キ、火滅ス。行年六十二。嗚呼悲シイ哉」／と、書いている。（中略）空海の生身《しょうじん》は、まことに薪尽き火滅した。／この報をうけた長安の青竜寺では、一山粛然とし、ことごとく素服をつけてこれを弔したといわれる。[32]

「薪尽キ、火滅ス」。

空海にも死は訪れた。

「この報をうけた長安の青竜寺では、一山粛然とし、ことごとく素服をつけてこれを弔した」という。

もし、空海が、あの世で、恩師、恵果に再会したなら、どんな報告をしただろうか。

次の、松井による「ラストメッセージ」は、右のヒントになるような気がする。

そして、恩とは、終わりがきて、より深みを増すもののようだ。

夢のような時間は瞬く間に過ぎていった。二〇一三年五月五日、恩師の長嶋監督とともに国民栄誉賞を受賞し、引退セレモニーでは大勢のファンの方々に感謝の思いを伝える機会をいただいた。二〇〇二年オフに大リーグ挑戦を決めた際には、もう二度と、東京ドームのグラウンドに立つことは許されないと覚悟していた。だからこそ、温かい声援と拍手におのずと胸が熱くなった。／現役生活二〇年目となった昨季を最後に、引退を決めた。「まだやれるのでは……」という周囲の激励の声も耳にした。だが熟考し尽くしての結論。悔いはまったくなかった。晩年は左手首の骨折や両ひざの故障などけがも重なり、思い描くプレーができなくなっていた。イメージ通りに体が動かないズレを自覚する場面も増えた。命を懸けて戦って、チームに貢献できるか、否か。この一点のみを、子どもの頃に野球を始めた時から大切にしてきた。その価値観を捨ててまで、現役に固執することはできなかった。（中略）会見でも話したが、監督（長嶋――引用者）と二人きりで行なった素振りは心にも体にも深く刻まれている。「一〇〇〇日でジャイアンツの四番を打てるようになるんだ！」、「ジョー・ディマジオのようなプレーヤーを目指せ！」という叱咤激励の言葉。来る日も来る日も、多忙なプライベートの時間を割いてまで、練習に付き合ってくださり、ジャイアンツの四番打者に必要な心と技術を教えていただいた。あの日があったからこそ、ジャイアンツと大リーグで合わせて二〇年間もプレーできた。監督がいなければ松井秀喜はいなかったと確信している。[33]

注

（1）松井秀喜『告白』PHP研究所、二〇〇七年、一七〇～一七一頁、傍点は引用者。

（2）松井秀喜『不動心』新潮社、二〇〇七年、一〇～一一頁、傍点は引用者。

（3）空海／加藤純隆・加藤精一訳『三教指帰』角川学芸出版、二〇〇七年、一二頁、傍点は引用者。

（4）同前、一三頁、傍線は引用者。

司馬遼太郎は、空海の出自について、以下のように記している。興味深いものを感じる。

「『わが父は佐伯氏にして、讃岐国多度郡の人なり。むかし敵毛を征し、班土被れり』／と、空海自身の作といわれる『御遺告《ごゆいごう》』の第一条に書いてある。（中略）しかし空海にとって気の毒なことだが、佐伯氏には二種類ある。／中央にいる佐伯氏は、当時の日本の国家伝承である記紀の世界に登場するところの武門大伴氏の一派に相違なく、東国の毛人を征したかもしれないが、讃岐の佐伯氏にはそういう典拠がなく、強いて典拠によるとすれば、『征し』どころか、毛人そのものであるということにもなりかねない」（司馬遼太郎『空海の風景　上巻』中央公論社、一九七五年、三～四頁、傍点は引用者）。

「毛人、蝦夷とは単純にアイヌと考えてもよく、あるいはばく然と農耕民に対し、縄文的採集生活をして定着することも欲しない種族と考えてもよい。（中略）景行紀では、英雄的な王子が征討軍をひきいて東を征し、やがてかれらを多数捕虜にして畿内にもどった。このことは唐突なようだが、空海という天才の成立と無縁ではない。／かれら俘囚たちは、ひとまず伊勢神宮におかれたが、そのさまは、蝦夷《えみし》ども、昼夜喧《な》き譁《とよ》みて出入礼なし、というさわがしさであった。このため、他に移された。／——御諸山《みもろやま》のほとりにさぶらはしむ。／御諸山とは大和の三輪山のことである。この山は大和においてもっとも奇《く》しき神南備山とされるが、これをミモロと呼ぶのは多少のふしぎさがともなう。モロ（山）とは韓語である。水稲農耕は韓土とのつながりのふかい北九州の野で発生し、瀬戸内海をにぎわしつつ畿内でいよいよ盛大になり、この列島の人文を一変させた。蝦夷たちはそういう地を掻く生産手段をもたない。さらには、そういう農耕民族の言葉を解さず、風俗も異にしていたが、それらが多数とらえられて御諸山のほとりにさぶらわしめられたのは、異風の光景という以上に、いたましさをおぼえる。／ところがそこでもかれらは『隣里《さと》に叫び呼《よば》ひて人民をおびやか』したために、ついに畿内の国国に分住せしめられた。ほかに分けて住まわせられたという国は播磨、讃岐、伊予、安芸、阿波の五ヵ国で、それらのひとびとが、／『佐伯部《さへきべ》の祖なり』／と、景行紀ではいう。要するに、かれらの一部が、空海のうまれた讃岐のくにに分住せしめられた。／人が、異語をつかう場合、騒《さえ》ぐようにきこえる。佐伯とはさへぎ（傍点は司馬）のことだという解き方に自然な感じをおぼえる」（同前、三～五頁、傍点は引用者）。

「空海の死の直後、この讃岐佐伯氏は朝廷に運動し、／『私どもは大伴の一族で中央の佐伯氏と同族でありますのに、直《あたえ》の身分でしかありません。ぜひ宿禰の姓をいただきとうございます』／と懇願して、意外なほどのかんたんさで許されている。死後の空海の名声にもよるかもしれないが、たとえ空海が出なくとても、空海の時代のこの讃岐佐伯氏はむらがって学才のある者を出し、そこは卑姓階級だけにとびぬけた立身はしなかったにせよ、中央の官界でそこそこに活躍した者が、異様なほどに多かった。そういうひとびとの力が、讃岐佐伯氏の身分昇格のために直接の力になったことはたしかである。／筆者は、空海において、ごくばく然と天才の成立ということを考えている。しかし空海の時代は今ともなれば遠すぎ、霞のかなたにあるようである。すこしでもそれに近づくために、とりあえずかれの環境の中になにか他とは異なる条件がなかったかということを、佐伯氏というかぼそい糸口ながらたぐりつづけてみる」（同前、五～六頁、傍点は引用者）。

（5）同前、一三～一四頁、傍点は引用者。

（6）同前、一四頁、傍点は引用者。

（7）同前、一四頁、傍点は引用者。
（8）前掲松井『不動心』八二頁、傍点は引用者。
（9）同前、八二～八三頁、傍点は引用者。
（10）同前、八三頁、傍点は引用者。
（11）前掲空海『三教指帰』一五頁、傍点は引用者。
（12）同前、一五頁、傍点は引用者。
（13）同前、一六頁、傍点は引用者。
（14）赤木ひろこ『ひでさん——運命の赤い糸をたどって——』光文社、二〇〇二年、一六頁、傍点は引用者。
（15）同前、一六～一七頁、傍点は引用者。
（16）松井昌雄『秀さんへ。——息子・松井秀喜への一七八通の手紙——』文藝春秋、二〇〇三年、一四六～一四七頁、傍点は引用者。
（17）同前、一四七～一四八頁、傍点は引用者。
（18）同前、一五二頁、傍点は引用者。
（19）同前、一五二～一五三頁、傍点は引用者。
（20）同前、一五三頁、傍点は引用者。
（21）松井秀喜『告白』ＰＨＰ研究所、二〇〇七年、一〇六頁、傍点は引用者。
（22）同前、一〇七頁、傍点は引用者。
（23）司馬遼太郎『空海の風景　上巻』中央公論社、一九七五年、一五〇～一五一頁、傍点および傍線は引用者。
（24）前掲松井『不動心』八七～八九頁、傍点は引用者。
（25）司馬遼太郎『空海の風景　下巻』中央公論社、一九七五年、一一～一二頁、傍線は引用者。
（26）同前、一二頁、傍点は引用者。
（27）加藤秀俊の『独学のすすめ——現代教育考——』文藝春秋、一九七五年、二〇頁、傍点は引用者。

「独学のすすめ」が、私自身の「学問」観に、大袈裟に言えば、人生観に、良くも悪しくも決定的な影響を与えていたということ、それがわかった。

今回本当によくわかった。

「日本でも、博物学者の南方熊楠《みなかたくまぐす》などは、『独学』によっておどろくべき活動をした学者であった。慶応三年和歌山に生まれた南方は十八歳で上京して大学予備門に入ったが、二年在学しただけで退学。こんにちでいえばドロップ・アウトである。そして退学して間もなく、アメリカに渡って実業学校、農業学校などをのぞいてみるが、いっこうにおもしろくなかったらしく、ひとりでアメリカの原野で動植物の採集しながら放浪をつづけ、西インド諸島に渡り、さらにイギリスに行って天文学の論文を自然科学誌に投稿し、のち大英博物館に就職して日本関係の資料の整理にあたる。そして、そういう世界的放浪のあいだにすさまじい読書力と記憶力で、ありとあらゆることを頭のなかにつめこんだ。南方の著作は、数年まえ全集として刊行されたが、博覧強記とはこういうことか、とびっくりさせられる著作をたくさんのこしている。／いやじっさい、南方のような天才にとって、学校などというものは、そもそもバカバカしかったのかもしれぬ。かれは学校に行くかわりに、じぶんで植物をあつめたり、俗信を研究したり、キノコについて論文を書いたり、外国語をマスターしたり（かれは、十八か国語をこなした）、そしてさらに、それらの雑多な主題についてぼう大な量の論文を書いたり、という人生をえらんだのである。かれは、一生、大学に就職しなかったし、いったん日本に帰国して、以後は外国から招かれても首を横に振った。かれは、すくなからず常軌を逸したところがあり、世俗的にはめぐまれなかった。しかし、わたしは、南方こそ日本の近代が生んだもっとも偉大な独学者だと思う。そして、かれの博学と研究のまえには、たいていの学者がカブトを脱がざるをえないだろうと思う。／南方だの、ジェイン・ヴァン・ラヴィック・グドール（『森の隣人』の著者——引用者）だのというのは、『独学』で勉強をした人物として例外的、というべきなのかもしれないけれど、よくしらべてみると、これまで東西の大学者、思想家と呼ばれる人たちのすくなからぬ部分が、学校教育をうけることなく、独学で勉強していたことがわかる。いや、学校に入らなければ学問はできない、などという思想は、ついこのあいだ出来たばかりの新興思想にすぎないのであって、人間の知識の歴史のうえでは、

『独学』こそが唯一の学問の方法であったのではないか。だいいち、学校などというものが、こんなにいっぱいできたのはここ二、三十年の新世相だったのである。人間が、なにかを学ぼうとするとき、たよりになるのはじぶんじしん以外にはなにもないのがふつうなので、『独学』以外に学問の正道はなかった」(同前、一七～一八頁、傍点は引用者)。

(28) 同前、二一三～二一四頁、傍点は引用者。

(29) 松井秀喜『エキストラ・イニングス――僕の野球論』文藝春秋、二〇一五年、四五～四六頁、傍点は引用者。

(30) 前掲松井『不動心』、八九～九〇頁、傍点は引用者。

(31) 同前、八八頁、傍点は引用者。

(32) 前掲司馬『空海の風景 下巻』三五九頁～三六〇頁、傍点は引用者。

(33) 松井秀喜「ラストメッセージ いつの日か、また」、『Number PLUS』文藝春秋、二〇一三年七月、一一四頁、傍点は引用者。

恩師長嶋茂雄が、愛弟子松井秀喜へ「贈る言葉」。

「5月5日のセレモニーで見せた松井君の振る舞いは、ファンの感動を誘いました。終始、私を気遣ってくれる姿に、『ああ、やっぱり松井って、いいなあ』と、改めて感心された方は多かったと思います。／引退スピーチも、非常に『らしさ』にあふれたものでした。話の中身も、話し方もそう。余計な力が入ったり、飾り立てるところなどまったくない。ごく自然な形で自分の気持ちを率直に表現した、ファンの心にしみるスピーチでした。(中略) 松井君のことは、高校野球、甲子園の頃から、もちろん注目していました。私が受けた最初の印象は、とにかく『大きな打者』だな、というものです。体格だけではありません。バッターとしてのスケールの大きさが、圧倒的に際立っていたのです。(中略) いま、私の脳裏に鮮やかに甦ってくるのは、バッターボックスに入った時のあなたの姿です。静かなアドレスから、力強く、かつ無駄のないスイングでバットを振り抜く。この一連の動作が、私の記憶の中で強烈な輝きを放っているのです。あなたは、間違いなく、現代で最高のホームランバッターでした。／そして最後に――。いつの日か、指導者として日本に戻ってくることを、ファンとともに、心から待っています」（長嶋茂雄「巻頭メッセージ　最愛にして最高のホームランバッター」、『Number PLUS』文藝春秋、二〇一三年七月、五頁）。

そして、長嶋が恩師砂押から贈られた言葉「一対一で授けた野球教育」。

「昭和二十八年十二月、立教のキャンプは翌年春に入学予定の高校生三十名ほども参加して、静岡県の伊東で行いました。／このキャンプで長島クンは、はやくも立教の中心打者になる素質を十分感じさせていました。（中略）入学後、私はさっそく、長島クンを一日も早く中心打線に組めるようにと個人指導を行ったのです。全員そろっての練習の後、今度は自分の家まで連れてきて、一対一でしかできない野球教育を一日も休むことなく続けました。／このときの指導を〝砂押のスパルタ訓練〟などとよんでいる人もいるようですが、何の目的もなく厳しい訓練をさせたわけではなく、計画にそって合理的な訓練をしたのですから、決してスパルタではなかったと思っています。しかし、長島クンにしてみればつらくて苦しいことであったかも知れません。なにしろ、厳しい監督と一対一で向かいあうことすら、一年生の彼にとってはおそろしさ以外のなにものでもなかったでしょう。／私も若かった。だから、長島クンを自分の思っている通りの選手にしたいと、今思い出してみると、随分きつい注文もしていたのかも知れません。／こうして過ごした一年間、長島クンの野球に対する情熱は〝何かをつかまねば〟という気持となって、実にほとばしるように響きかえってきたものです。その無言ではね返ってくるものこそ、ほかの選手には見られない、野球に対する執念でもあったように思われました」（砂押邦信「一対一で授けた野球教育」、『別冊週刊読売　さらば栄光の背番号3長島茂雄』読売新聞社、一九七四年一二月一〇日、一六四頁、傍点は引用者）。

第5章　「ゴジラ（GODZILLA）」という存在

「ゴジラ」松井

松井が、自らのあだ名である「ゴジラ」について、こんなことを言っている。

　最初は違和感があった。／ただ、どうせ呼ばれるならゴジラで良かったと思う。（中略）二〇〇三年のヤンキース移籍後は、ゴジラで本当に良かったと思った。もともと海外でも知られていたゴジラは、九八年の米国版映画の公開でさらに知名度を高めていた。（中略）米国でも野球ファンはあだ名が好きだ。ヤンキースの同僚には「ロケット」（ロジャー・クレメンス）や「ビッグユニット」（ランディ・ジョンソン）などファンなら誰でも知っている呼び名を持つ選手がいた。／歴史上最も有名なのはベーブ・ルースの「ベーブ（赤ちゃん）」

だろう。由来は風貌からとも、やんちゃぶりからとも言われている。ジョージ・ハーマン・ルースという本名を知る人の方が少ないに違いない。（中略）ゴジラと命名したのはスポーツ紙の女性記者で、甲子園の大会前練習を見てひらめいたらしい。それにしても数あるキャラクターの中からなぜゴジラだったのか、さまざまな条件が重なり、ニックネームは日米で定着した。／まさか二十数年後にもゴジラと呼ばれているとは、名付け親の彼女も思っていなかっただろう(1)。

松井の言う「ゴジラと命名したのはスポーツ紙の女性記者」とは、赤星美佐子のことであった。田中章義によれば、赤星が『日刊スポーツ』一九九二年三月二六日号に書いた、次の記事が「ゴジラ」松井の始まりだという。

バットを根元で捕らえた打球が曇り空に消えた。ズボッ。この鈍い音が松井にとっては快音、好調のあかしだ。甲子園同様、ラッキーゾーンが消えた西宮球場の右翼中段のイスを打球が直撃。百二十メートル弾は勢い余ってグラウンドに跳ね返った。「やっと出た」。シート打撃五打席目のサク越え。春一号の予告弾に松井の「ゴジラ」と呼ばれるいかつい顔が緩む。「ゴジラ」松井のバットがいよいよ火を噴くときがきた(2)。

「『ゴジラ』と呼ばれるいかつい顔」とあるが、「いかつい顔」だけでない。

松井の「すがた格好」、「雰囲気」、全体から放たれる「威風」が「ゴジラ」なのである。

ゴジラと松井が重なり、一体化していく。

松井を「ゴジラ」と見なしたのは、「凄い」の一言に尽きる。

「『ゴジラ』松井のバットがいよいよ火を噴くときがきた」、そう、ゴジラは火を噴くのだ。

「ゴジラ誕生」の前年、一九五三年に生まれ、「ゴジラ」をテーマに作品を描き続けているジャンニ・ドリーゴ（イタリア、フィレンツェ在住の画家）も、ゴジラの吐く火炎について、興味深いことを言っている。


　ゴジラという怪獣の姿にも魅かれたけれど、ストーリーも興味深かった。自然を破壊する人間に立ち向かうゴジラの姿は、僕にとってはヒーロー。以降、僕の作品のシンボルはつねに〝ゴジラ〟なんだ。ゴジラはつねに正義の味方であり、悪と戦う戦士のような存在。だからゴジラが吐く火炎は、世界を清浄するような意味に感じられる。そんな火炎を作品のアクセントとして使うことが多いね。[3]

ドリーゴの「ゴジラが吐く火炎は、世界を清浄するような意味に感じられる」という表現からは、まさに、「ゴジラ」が海を渡ると「GODZILLA」になる、その理由が何だかわかった気がする。

小野俊太郎は、「ゴジラにはゴリラとクジラが含まれていたわけだが、ゴジラの英語表記『GODZILLA』には『神』が入っている。このせいで、アメリカ側の議論ではふつうゴジラを単純に破壊神とみなす。日本側でゴジラを神とみなして議論を進める者も、じつはこの英語表記に大なり小なりの影響を受けてきた[4]」と言っている。

「ゴリラ＋クジラ＝ゴジラ」、「GODZILLA＝GOD（神）＋ZILLA（オニグモの仲間を指す言葉──小野）」、どちらも「なるほど」、である。

さようなら、「ゴジラ」たち

ところで、私たちにとって、そもそも「ゴジラ」とは、「何」なのだろうか、あるいは、「どんな存在であってほしい」のだろうか、それを考えてみたい。

この場合に、加藤典洋の「さようなら、『ゴジラ』たち──文化象徴と戦後日本──」（二〇一〇年）が非常に参考になる。

加藤は、「ゴジラ誕生」の背景を次のように説明する。

> この映画は、一九五四年に作られている。この年の三月にビキニ環礁でのアメリカの水爆実験があり、第五福竜丸が被爆し、乗組員の久保山愛吉さんが死亡している。水爆実験による環境汚染への不安が広まり、原爆マグロなどという言葉が行きかった。この映画のプロデューサーの田中友幸は、ゴジラを構想するにあたって、昔見た『キングコング』と前年に封切りされた『原子怪獣現わる』という二つの怪獣ハリウッド映画と、水爆実験に対する抗議の気持とから、この映画のゴジラという怪獣を構想したと言っている。監督の本多猪四郎は、都合二度応召して中国大陸で兵士として過ごしている。原爆が投下された直後の広島も兵士として目撃している。戦争はいやだ、繰り返すべきではない、水爆実験にも反対だ、という気持をこめてこの映画を作ったと、彼も言う。ゴジラは夜やってくる。品川沖から上陸して二度、東京市街を壊しまくるのは、一九四五年三月一〇日の東京大空襲を再現する気持もあったとも述べているが、それは、その通りだろう。筆者もこれに異論はない。[5]

続けて、加藤は、こう付け加える。

しかし、これを受けて、『ゴジラ』が単なる娯楽用の怪獣映画ではなく、真摯なメッセージをもこめて作られた検討するに値する映画なのだと考える批評家たちが、五〇年余たったいまでも、その理由として、この制作者の言葉を根拠に、『ゴジラ』を水爆実験に抗議し、平和を希求するまじめな反戦映画だということをあげるのには、賛成できない(6)。

映画『ゴジラ』は一九五四年に登場した。

そのころ、街頭テレビでは、力道山等がシャープ兄弟と戦う、プロレス中継が人気を博していた。

この年の一二月二二日には、蔵前国技館で、力道山対木村政彦のプロレス日本一決定戦も行われ、現代の宮本武蔵と佐々木小次郎による「昭和の巌流島」と喩えられた。

あのディマジオがマリリン・モンローと結婚・来日し、ヘミングウェイが、『老人と海』（一九五二年）によりノーベル文学賞を受賞したのも、この一九五四年であった。

『ローマの休日』や『麗しのサブリナ』が封切られ、オードリー・ヘプバーンを真似たファッションスタイルが流行ったりもした。

そして、太陽族も現れ出した。

一方、一九五四年には、加藤の指摘しているとおり、遠洋マグロ漁船「第五福竜丸」が、アメリカの水爆実験により、大量の「死の灰」（放射性降下物）を浴びるといった災害をも被った。『岸壁の母』のほか、『原爆許すまじ』という歌が流行った。

自衛隊が発足したのも、この年である。

青森－上野間の集団就職列車が走り出したのも一九五四年。

青函連絡船「洞爺丸」の海難事故（死者・行方不明者一一五五人）も起きてしまった。

そんな一九五四年に映画『ゴジラ』（一一月三日公開）は登場したのだ。

同じ東宝から、黒澤明の『七人の侍』（四月二六日公開）、稲垣浩監督、三船敏郎主演の『宮本武蔵』（九月二六日公開、翌年第二八回アカデミー賞名誉賞受賞）といった作品も、この年にお目見えした。

加藤に「都合二度応召して中国大陸で兵士として過ごしている。原爆が投下された直後の広島も兵士として目撃している」と説明（紹介）された、映画『ゴジラ』の監督、本多猪四郎。この本多と「世界の黒澤」とが、深い関係であったのを初めて知った。
実に、ゴジラも関わっていた。

一九九三年、本多猪四郎は、呼吸不全で世を去った。／本多の墓には次のような言葉を刻んだ碑が立っている。／「本多は誠に誠実で温厚な人柄でした。映画のために力いっぱいに働き十分生きて本多らしく静かに一生を終えました。平成五年二月二十八日　黒澤明」／親友・黒澤明の言葉どおり、イノさんの演出は誠実で、スタンダードだ。／だから地味に思われがちだが、同じ年代の他の映画に比べれば、どことなく洗練されているのがよくわかる[7]。

第一作『ゴジラ』は、日本人の心情がよく描かれていた。／黒澤明監督の『夢』の中のエピソード「トンネル」に登場する不気味な軍隊の服装は、本多が担当したそうだ。戦争に行かず、戦場経験のない黒澤は、戦場に八年も行っていた本多に「すまない」という思いを持っていたし、戦場のことは本多を信頼していた。／そして『夢』の中のエピソード「赤富士」は、黒澤なりの『ゴジラ』的なテーマかもしれない。目の前では赤く染まった富士山が大噴火を起こしている。原子力発電所が爆発したという。目の前に降る色の付いた霧は、着色された放射性物質だった。／富士山も、ゴジラも、臨界点に達するときは、赤くなるのだ(8)。

単純に「『ゴジラ』を水爆実験に抗議し、平和を希求するまじめな反戦映画だということをあげるのには、賛成できない」としていた加藤だが、日本における「ゴジラという存在」を考える上で、意義ある「（アメリカにおける）キングコングという存在」について、興味深いことを言っている。

　アメリカ文明は、一八世紀以来、アフリカ大陸からの「奴隷」貿易により南部の綿花地帯の労働力の供給を得て、国力を増し、やがて南北戦争をへて、現在の隆盛の基盤を築いた。その奴隷貿易によるアフリカその他の地域からの黒人奴隷の導入は、最新の現代文明と人権尊重と民主主義の代表を自認する一九三〇年代初頭のアメリカにとっての、直視することをためらわれる過去の暗部だったはずである。そのことへの後ろめたさが、キングコングという不気味なもの、恐るべきものを作り出し、それが南方の、しかしけっしてアフリカではない、とある島から連れられてきて、白人女性に愛着を示し、最後、当時世界最高層のビルディングから落下して死ぬ、という物語を呼び入れているのではないか。この映画を見ると、

> 最後に、キングコングが落下して死ぬ。そのとたんに、ある種の安堵とともに、いいようのない悲哀の感情が身内にわき上がってくる。それは、何かとてつもなく、取り返しのつかないことを、自分たちはしてしまったのではないか、というような、得体の知れない、畏怖の感じを伴う感情であり、そこから、この映画のモチーフの深さの感触がたち上ってくる。[9]

アメリカの「過去の暗部」や「後ろめたさ」に薄々気づきながら、映画『キングコング』（一九三三年）の観客たちは、当時の文明のシンボルともいえるエンパイア・ステート・ビルディングからキングコングが落ちて死ぬ場面を目の当たりにする。

そして、彼らは、このとき、「ある種の安堵とともに、いいようのない悲哀の感情」、「何かとてつもなく、取り返しのつかないことを、自分たちはしてしまったのではないか」と想うのだった。

加藤の説得力ある筆致は、当然日本の、ゴジラへと再び向けられていく。

ところで、ゴジラが死ぬ。海面が静まり、最後、作業船の作業員がデッキに並び、海に向って黙禱する。すると、これに似た悲哀の感情が今度は日本人の観客を包む。画面には、まさか「海ゆかば」そのままではないが、これを思わせるレクイエムめいた伊福部昭作曲の調べが被さる。むろん乗組員が脱帽し、黙禱する相手は、ゴジラ撃退（ゴジラ殺し）のために身を挺して「殉死」した芹沢博士である。しかし、それがあたかも同時にゴジラに向かっての黙禱、祈りでもあるかのように、観客は感じる[10]。

そして、『ゴジラ』誕生から四四年後、ゴジラは、太平洋を渡って、ヤンキースのお膝元、ニューヨークで「ＧＯＤＺＩＬＬＡ」として、「火を噴く」ことになる。

一九九八年には、ゴジラは海を渡り、ニューヨークに出現している。なぜかははっきりしている。アメリカ人の原水爆使用への「後ろめたさ」の感情が、この度はゴジラを、パナマ運河を通過してまで、「マンハッタン計画」の名称のもととなった場所に呼び寄せているのだ。この映画には、アメリカと水爆実験のつながりを示唆するものは何一つ描かれない。その逆にゴジラは、フランスがムルロワ環礁で行った水爆実験の結果生まれたとされ、フランスの特殊部隊のエージェント（ジャン・レノ）がその責任を取るべくゴジラ殺しに暗躍する。このような罪障感の根源の打ち消しのしぐさが、たぶんは無意識のものだろうが、逆にかえって、このアメリカ製『ゴジラ』の世界像の出所を暗示している[11]。

失われた世界

北原尚彦の「コナン・ドイル――『ゴジラ』生みの〝曾祖父〟――」（二〇一四年）も興味深い。

シャーロック・ホームズの生みの親、サー・アーサー・コナン・ドイル（一八一九～一九三〇年）。彼は探偵小説の祖として知られるが、それだけでなく、怪奇小説、歴史小説、医学小説など、手広いジャンルを手がけた。そのひとつとして、科学ロマンスがある。――現代でいう、ＳＦである。／コナン・ドイルのＳＦでもっとも有名な作品はどれかというと、やはり『ロスト・ワールド』だろう。これは一九一二年四月から一一月にかけて「ストランド・マガジン」に発表され、同年に単行本化された。(12)

ロスト・ワールド、「失われた世界」という響きにドキッとさせられる。「失われた世界」、どういう世界が失われたのか、と。

南米のアマゾン奥地で、とうに絶滅したはずの古代生物たちがいるという「失われた世界」

> （ロスト・ワールド）が発見され、古生物学者チャレンジャー教授、新聞記者マローン、冒険家ロクストン卿、そしてサマリー教授らがその地に赴く。（中略）『ロスト・ワールド』の「古代の生物（特に恐竜）が生き残っている土地がある」というコンセプトは、エドガー・ライス・バローズの『時間に忘れられた国』ほか、後世に大きな影響を及ぼした。そしてサブジャンルとして成立するほど多数の追随作品を生み、それらが「ロスト・ワールドもの」として総称されるまで至った。(13)

「失われた世界」とは、「忘れられた世界」ともいえるのであった。

この「忘れられた世界」が、単に絶滅したはずの「恐竜などの存在」だけを意味するのであれば、私には、大した興味も湧かない。

> これは小説、映像を問わない。／映像においても影響が大きかったのは、『ロスト・ワールド』が二五年にウィリス・オブライエン特技監督で映画化されたがゆえである（監督はハリー・O・ホイト）。この映画こそ、モンスター映画の元祖といってもよかろう。／この後三三年に『キングコング』（メリアン・C・クーパー&アーネスト・B・シェードザック監督）でも、オブライエンが特撮を担当した。そして五三年にレイ・ハリーハウゼンが特撮を

担当した『原子怪獣現わる』（ユージーン・ルーリー監督）が製作され、五四年の『ゴジラ』へと続くのである。／『ロスト・ワールド』のような「土地」を舞台にせずとも、「生き残っていた（もしくは復活した）古代の生物が出現する」という設定は、多くの怪獣映画に引き継がれた。(14)

九〇年代以降のハリウッド映画ではマイケル・クライトン原作の『ジュラシック・パーク』（九〇年、スティーヴン・スピルバーグ監督）もそれにのっとっていることは、同作の続篇が『ロスト・ワールド／ジュラシック・パーク』（九七年）と題されていることからも明らかだ。／円谷英二や香山滋を『ゴジラ』の生みの親と呼ぶならば、ウィリス・オブライエンは『ゴジラ』の祖父、そしてコナン・ドイルは『ゴジラ』の曽祖父といったところではないだろうか。(15)

ただ、前述したような、アメリカにおける「キングコングという存在」、日本における「ゴジラの存在」、そしてゴジラが、太平洋を渡って、ニューヨークで「GODZILLA」として、「火を噴く」ことになった背景、ないし深淵を察すると、コナン・ドイルによる「ロスト・ワールド」（失われた世界、忘れられた世界）という言葉の響きは、格段に威力を増して、私の胸に刺さってくる。

ゴジラが「火を噴く」とき、私たちに、もっと身近な、さし迫った「失われた世界」、「忘れられた世界」を、想い起させることになるからだ。

もしかしたら、松井のバットが「火を噴く」という文句に、私は、日本においては「長嶋の姿」を、アメリカにおいては「ディマジオの姿」を再確認しているのかもしれない。

第2章で論じたことにつながってくる。

村松友視が観た、「長嶋茂雄の顕在化した破壊性、前衛性」とそれに由来する「伝統性」、いわば、「伝統性と前衛性、王道と破壊性、正統と異端性」を合わせ持っていた長嶋に対する「懐かしい記憶」。

これは、村松にとって、松井を目にするまで、「忘れかけていた世界」だったのかもしれないし、「（既に）失われてしまった世界」となっていたのかもしれない。

このことは、ジョー・ディマジオに対して「我がヒーローの魔術を見るために、四十五分の道のりを歩いてスタジアムまで出かけた。心はアメリカ人になっていた」と言っていた、ドイツからの移民ヘンリー・キッシンジャーの「若き日の想い出」にも通じる。

「ジョーは二世代にわたる若者たちに教えてくれた。ベストをつくすこと、スポーツマンらしく、その結果を受けとめることの素晴らしさを、そして明日またがんばろう、ということを」、ディマジオに代って、このように教えてくれる人物が、その後アメリカに現われただろうか。

ポール・サイモンは、「どこへ行ってしまったんだい、ジョー・ディマジオ？／国民はあなたがいなくなって、寂しげだよ／何んて言ったんだい、ミセス・ロビンソン／強打のジョーはとうの昔に行ってしまったのさ」と、一九六八年に『ミセス・ロビンソン』で歌っていた。

「ディマジオの死」に際して（一九九九年）は、サイモンは「大統領が私生活で逸脱し、謝罪し、インタビューが放映される昨今、私たちはジョー・ディマジオを思って悲しみにくれる。そして彼の気品と威厳、私生活に対する彼の強烈な意識、妻の思い出や自らの沈黙の力に対する彼の誠実さが失われたことを嘆くのだ」と述べていた。

まさにロスト・ワールド、「失われた世界」、「忘れられた世界」とは、実は、私たちの、身近な「生活（人生）そのもの」と関わりが大きかったのだ。

「松井の登場」は、「ゴジラの誕生」と何か通じるのである。

私たちが、忘れかけていたもの、失いかけていたもの、それらをもう一度呼び起こし、再び取り戻そうと「思わせる」何かが、「ゴジラ」松井の風貌、否、「生き方そのもの」、「松井という存在」にはあるのだ、と言いたい。

定年ゴジラ

重松清の小説に、『定年ゴジラ』（二〇〇一年）というのがある。

この小説は、定年を過ぎた「昭和ひとケタ生まれ」の「定年族」が主人公であり、彼らのマイホーム、都心から少し離れた、いわゆる「ニュータウン」を舞台に、切々と繰り広げられる彼ら「定年ゴジラ」たちの「哀愁の行動」が描かれている。

読後、何とも言えない「気分」になる。

> 仕切り直しの後は、半ばやけっぱちで飲んだ。食った。しゃべった。歌も出た。石原裕次郎である。美空ひばりである。クレージー・キャッツである。山崎さんは浜口庫之助メドレーでやんやの喝采を浴び、江藤さんが意外な美声で切々と歌う江利チエミの『テネシー・ワルツ』にはアンコールの声も飛んだ。／「よっしゃ、じゃあ次、フーさんだ。フーさん、なにか一曲！」／江藤さんにうながされて、藤田さんは体をふらつかせながら立ち上がろうとした。だが、膝が伸びきる前に腰が砕け、その場に尻餅をついてしまう。かなり酔っている。ビールに日本酒、紙コップに注いだウィスキー、誰よりも速いピッチであけていた。[16]

何度も尻餅をついたすえ、ようやく立ち上がった藤田さんは、焦点の定かでないまなざしで山崎さんたちをじっと見つめた。座が静まりかえるなか、目を赤く血走らせ、唇をわななかせ、ひとつ息を吸い込んで、タガのはずれた大声で怒鳴る。／「株式会社武蔵電鉄ゥ！　第一事業部沿線開発課ァ！　フッジッタ、幸三ッ！　ゴジラいかせてもらいますっ！」／驚く山崎さんらをよそに、藤田さんはガニ股になり、大地を一歩ずつ踏みしめるような足取りでホールをうろつきはじめた。ときどき「ゴジラ、哭きますっ！」と天井を見上げて怒鳴り、「クワアアアッ！」が入り交じったような奇声を張り上げる。まさにゴジラである。(17)

鷺沢萌が、『定年ゴジラ』の文庫版「解説」を書いている。

この「定年ゴジラ」たちが「教科書に墨を塗った世代、価値観の一八〇度転換を余儀なくさせられた世代、貧しい日本の最後の証人である世代、高度成長の担い手だった世代だ(18)」というのは、まさにその通りである。

特に、正真正銘の「高度成長の担い手」たちは、「昭和ひとケタ生まれ」の、この世代であって、決して「団塊の世代」ではないことを強調しておきたい。

「私なりの表現を使えば、『木口小平がラッパを放さなかったように』働き続けた世代、でもある」という鷺沢の言葉には、何故か、涙を禁じ得ない。[19]

そして、鷺沢は、こうも言う。

一日十六時間労働の私の友人は、「自分のため」に働いているのだ、と言い切った。けれどおそらく山崎さんは藤田さんは野村さん（「定年ゴジラ」たち――引用者）は、そうして私たちの父は、そんなことは言わなかっただろうと思う。／――何のために働いているか、って……？／質問の意味を理解しかねる、と言いたげな、驚いたような困惑しているような彼らの表情さえ、瞼の裏に浮かんでくるような気がする。／――何のため、って、そんなこと考えたこともないよ。人間は働くのがあたり前だろう……。[20]

このような「昭和ひとケタ生まれ」の世代は、言ってみれば、今や、「失われた世代」、「忘れられた世代」になりつつある。

その「彼らが生きた世界」は、確かに「ロスト・ワールド」かもしれない。

彼ら、「定年ゴジラ」たちは、「長嶋茂雄」を愛していた。

その後、彼らは、「松井秀喜」のことだけは、評価した。

単にバッティング評価をしていたのではない。

「火を噴く」打撃、いわば、火を噴くような「全力プレイ」、「無心のごとき行為」、「無我の行為」を評価していたのである。

自分たちと同様な「何か」を、松井に対しても、感じ取っていたのかもしれない。

「――何のため、って、そんなこと考えたこともないよ。人間は働くのがあたり前だろう……」。

「定年ゴジラ」とは、よくできたネーミングである。

鷺沢は、この「解説」で、作者重松の、恐らくはほろ苦いであろう執筆の「想い」を、うまく引用している。

著者の重松清さんは、単行本のほうのオビに以下のような文章を重ねている。

――〝父〟の話を書きたかった。……お手本となったか反面教師だったかはともかく戦後の日本を支えてきた〝父〟の世代は、「これが俺たちの考える幸せというものだ」と確かに子供たちに伝えてくれた。僕たちは、はたして子供に伝えるべき幸せのかたちを持っているのか、いや、そもそも幸せのかたちとは〝持つ〟ものなのだろうか……。(21)

松井の「引退会見」での記者との一問一答の一部。

——やり残したことはあるか

「いくつか、そういうことが出てくるとは思います。ただ、その時々の自分が考えて決断したことに関しては、何一つ後悔はないですね[22]」

——日本と米国でのキャリアの違いは

「いろいろものが違うのは事実。ただ、現在の僕が振り返るときに、あまり区別することはないです。僕は日本でも米国でも、常に同じ気持ちでプレーしていたからだと思います[23]」

——野球は自分にとってどういうものだったか

「正直、哲学的なものは持っていないのですが、もっとも自分が愛したもの、好きなもの。その一言なのではと思いますね[24]」

——海外に挑戦した立場から、日本人にメッセージはあるか

「僕の立場からメッセージは特別ありません。皆さん、それぞれ考えて行動することだと思うし、外に行くからいいとか、内向きだから悪いとかそういう区別はないような気がします。自分が好きなもの、自分ができるものをやるしかない気がしますけれど[25]」

――自分にどんな言葉をかけたいか

「うーん、すぐに思いつく言葉はありません。よくやった、頑張ったね、と自分に言う気持ちはないですね。自分がしてきたこと、できたことに関して、そんなに苦労してきたかなと思うと、別にそうでもない気がします。もちろん、自分なりには日々、頑張ってきたつもりですけれど。もう少しいい選手になれたかもね、ですかね[26]」

「その後、彼ら（昭和ひとケタ生まれ）は、『松井秀喜』のことだけは、評価した。／単にバッティング評価をしていたのではない。／『火を噴く』打撃、いわば、火を噴くような『全力プレイ』、『無心のごとき行為』、『無我の行為』を評価していたのである。／自分たちと同様な『何か』を、松井に対しても、感じ取っていたのかもしれない」、と私は前述していた。

まさに、右の松井の応答の仕方は、「昭和ひとケタ生まれ」好みではないだろうか。

特に、「――自分にどんな言葉をかけたいか」という質問に対し、「頑張ったね、と自分に言う気持ちはないですね」ときっぱり答えるところがそうなのである。

「一日十六時間労働の私の友人は、『自分のため』に働いているのだ、と言い切った。けれどおそらく山崎さんは藤田さんは野村さんは、そうして私たちの父は、そんなことは言わなかっただろうと思う。／——何のために働いているか、って……？／質問の意味を理解しかねる、と言いたげな、驚いたような困惑しているような彼らの表情さえ、瞼の裏に浮かんでくるような気がする。／——何のため（働く、努力する）、って、そんなこと考えたこともないよ。人間は働く（努力する）のがあたり前だろう……」という鷺沢の声が、再び響いてくる。

レイテ戦記

大岡昇平の『レイテ戦記』（一九七一年）中で、「神風特攻」に関わる、次の文面に、私は眼を見張った。

口では必勝の信念を唱えながら、この段階では、日本の勝利を信じている職業軍人は一人もいなかった。ただ一勝を博してから、和平交渉に入るという、戦略の仮面をかぶった面子《めんつ》の意識に動かされていただけであった。しかも悠久の大義の美名の下に、若者に無益な死を強いたところに、神風特攻の最も醜悪な部分があると思われる。／しかしこれらの障害にも拘わらず、出撃数フィリピンで四〇〇以上、沖縄一、九〇〇以上の中で、命中フィリピンで一一一、沖縄で一三三、ほかにほぼ同数の至近突入があったことは、われわれの誇りでなければならない。／想像を絶する精神的苦痛と動揺を乗り越えて目標に達した人間が、われわれの中にいたのである。これは当時の指導者の愚劣と腐敗とはなんの関係もないことである。今日では全く消滅してしまった強い意志が、あの荒廃の中から生れる余地があったことが、われわれの希望でなければならない(27)。

「想像を絶する精神的苦痛と動揺を乗り越えて目標に達した人間が、われわれの中にいたのである」という「想い（記憶－過去）」。

「今日では全く消滅してしまった強い意志が、あの荒廃の中から生れる余地があったことが、われわれの希望でなければならない」という「思い（希望－未来）」。

以上、「想い（記憶－過去）」に裏打ちされた「思い（希望－未来）」の組合せを、「現在」遂行し続けている、と大岡は言っているように感じる。

「現在」は止まらず続いていく。

「思想」は「し続ける」ことになる。

あるいは、何かを「し続ける」には「思想」がともなう、とも考えられる。

「努力できることが、才能である」と、松井は、「想い、思った」。

「努力」とは、何かを「し続ける」ことである。

何かを「し続ける」ことが「才能」なのである。

ゆえに、何かを「し続ける」という「才能」は、「思想」を重ねていくことになる。

「今日では全く消滅してしまった強い意志」という物言いは、ロスト・ワールド、「失われた世界」・「忘れられた世界」を想起させる。

そして、現状での「『想い』の組み合わせ（重ね）」を持って、「失われた『思い』」・「忘れられた『思い』」は、新たな装いで、再び登場してくるに違いない。

そう、大岡は言いたかったのではないか。

植村真久少尉

大岡は、レイテの「神風特攻」に因んで、「植村真久少尉」という人物を登場させている。

非常に興味深い人物である。

大岡は、植村少尉のエピソードを、長い引用を使って紹介していく。

それほど、大岡にとって、「植村真久少尉」についての記録は、重要なものだったのであろう。

あの『野火』（一九五二年）を書いた大岡が、二〇年間の「現在（思想）」の重ねを経て（『レイテ戦記』は一九七一年の刊行ゆえ）、大岡自身の中に、「失われた世界」・「忘れられた世界」を、新たに、少しだけ見ることになった、私にはそう思える。

さらに、私には、「植村少尉」のことが「ゴジラ」松井に観えてきた。

第一波は植村真久少尉と二等飛行兵曹五十嵐春雄の二機であった。植村少尉は立教大学のサッカー部の主将、次のような挿話が残っている。／「明日の戦闘要領を検討する作戦テーブルに肘をついたまま、あわい追憶にふけっていると、静かにドアの開く音がした。見ると、植村少尉がそこに立っている。／植村少尉は立教大学の蹴球部の主将だっただけに、その体格はガッチリと逞しく、見るからに勇猛なのであるが、今日はいやにしょんぼりしている。しかし今日ここに上って来る以上は、またまた特攻隊志願に外ならぬのだが、と思いながら、／『入れ』／と云うと、彼はテーブルの前に寄って来て、しばらくもぞもぞとしていたが、意外にも何でもないつまらぬことを聞いて帰ってしまった。私の考え違いだったかな？　おかしな奴、と思ったが、忙しさに紛れそのまま忘れるともなしに忘れてしまった。ところが、彼はまた翌晩も来たのである。／私は作戦室の入口から歩いて来る彼の眼をじっと凝視めた。彼は今晩もまたしおしおと、何となく恐れ入った様子であった。しかし、私には、〝来たな〟と感ずるものがあった。所が彼は、私の前へ来てもやはり昨夜のようにもじもじしていて、またもやなんでもないことを尋ねると、そのまま帰ってしまったのである。私は私の眼を疑った。動作にこそ元気はなかったが、彼の顔には確かに、特攻隊を志願に来ました、と書いてあるのを見たと思ったからである。だが、それは私の見誤りだったのだろうか？　私には何かしら割切れぬ気持が残っていた。／しかるに彼は、三晩目もまたやって来たのである。他の搭乗員たちが寝静まるのを待って、あたりをはばかるようにしてやって来るのだ、彼はテーブルを隔てて私と向い合い、目を落してやはりもじもじしている。私は彼の顔をじっと凝視めながら云った。／『君は一昨晩からこうして再三やって来るが、……特攻隊を志願に来たのではないのか？』／すると彼は、その言葉ではじめて顔を上げ、済まなそうに私を見て云った。／『実はそうなのです、一昨日からそう思ってやって来るんですが、飛行長の顔を見ると、どうしてもそれが云い出せないのです。ご存知の様に、私は他のものよりも技倆がまずいものですから……』／何という言葉だろう！　世の中にこんな美しい心根があるだろうか？　私は感動のあまり物云う術も知らなかった。黙っている私を見て、／彼はまたいった。／『私は先日、訓練で大切な飛行機をこわしました。私は自分が技倆のまずいのをよく知っているのですが、……こればかりはどうしても諦められないのです』／それでも私が返事をしないので、彼は駄目なのではないか、と悲しそうな顔になってきた。私は思わず立ち上がって、彼の肩をたたいて云った。／『心配するな、お前位の技倆があれば特攻隊には充分過ぎる。俺がきっとよい機会を見つけてやるから心配せずに寝ろ』／それを聞くと彼は初

めて笑顔になって、／『よろしくお願いします』／そう云って、お辞儀をして帰って行った」（『神風特別攻撃隊』(28)）

伊集院静が、『週刊文春』二〇〇二年一一月十四日号に、松井について、「戦後、日本がアメリカに送り出すもっとも美しい日本人」と題し、一文を寄せている。二〇〇二年一一月一日に、松井は「大リーグ挑戦決断」を表明した。

感動した。と同時に、切なかった。感動したのは、私がこれまで知る限り、若いスポーツ選手が、一時間二十分余り、正確な美しい日本語で、その心中を誠実に語ったのを初めて見たからだ。切なかったのは、これほどファンのことを思い、チームメイトを気遣い、日本の野球界に礼を尽くし、己の望みを通すのに、命を懸けるとまで口にしたことだ。これは只事《ただごと》ではない。そこまで言わねばならないのか。松井秀喜を十年間見てきた。会見の風貌を見ていて、十年でこれほどいい顔になった若者はそういない、とあらためて思った。気が付けば若木は大きな樹になっていた。（中略）／数年前、幸運にも松井と話す機会を得た。／「君は人の悪口をいっさい言わないそうだね？」／「はい、中学二年生の時、父親の前で友人の悪口を言って、ひどく叱られました。それ以来、人の悪口を言わないと父親と約束しましたから……」／「本当に一度も言ってないの？」／「はい、一度も言ってません」／私はただただ驚いた。／「フル出場にはこだわっているの？」／「こだわっていませんが、ジャイアンツ戦のチケットを手に入れるのは大変なんです。一年で、そのゲームだけしか見られない子供もいると思うんです。その子供が僕のプレーを見たいと思ってスタンドに座っているかもしれません。ですからいつも出場したいんです」／真剣に答えた若者に、私は魅せられた。私はジャイアンツファンではないが、野球の大ファンである。／「野球の神さまはいると思いますか」／「それはわかりませんが、神の存在は信じています」（中略）ひょっとして戦後、日本がアメリカに送り出す、美しい日本人の代表になるかもしれない……[29]。

この一文にみる「伊集院（年長者）と松井（若者）のやりとり」は、前文にみる「飛行長（年長者）と植村少尉（若者）とのそれ」と同じようなシーンとして、私の脳裏には映ってくる。年長者（飛行長・伊集院）の、本当の意味での優しさ（人＋憂）、やるせないまでの（過去に対する）「想い」をも秘めた筆致。

そして若者（植村少尉・松井）の、素直で、真っ直ぐな（将来への）「思い」。

『レイテ戦記』にもどる。

大岡は、植村について、さらに記していく。
私は、以下の部分を読むたびに、胸が熱くなる。
何も言えなくなる。

そして出撃前に植村少尉が書く手紙は、次のようなものである。／「素子　素子は私の顔を能く見て笑ひましたよ。私の腕の中で眠りもしたし、またお風呂に入ったこともありました。素子が大きくなって私のことが知りたい時は、お前のお母さん、佳代伯母様に私のことをよくお聞きなさい。私の写真帳もお前のために家に残してあります。素子という名前は私がつけたのです。素直な、心の優しい、思いやりの深い人になるようにと思って、お父様が考へたのです。／私は、お前が大きくなって、立派な花嫁さんになって、しあわせになったのを見届けたいのですが、若しお前が私を見知らぬまま死んでしまっても、決して悲しんではなりません。お前が大きくなって、父に会いたいときは九段にいらっしゃい。そして心に深く念ずれば、必ずお父様のお顔がお前の心の中に浮びますよ。父はお前は幸福ものと思います。生まれながらにして父に生きうつしだし、他の人々も素子ちゃんを見ると真久さんに会っている様な気がするとよく申されていた。またお前の伯父様、伯母様は、お前を唯一の希望にしてお前を可愛がって下さるし、お母さんも亦、御自分の全生涯をかけて只々素子の幸福をのみ念じて生き抜いて下さるのです。必ず私に万一のことがあっても親なし児などと思ってはなりません。父は常に素子の身辺を護っております。優しくて人に可愛がられる人になって下さい。／お前が大きくなって私のことを考え始めた時に、この便りを読んで貰いなさい。／昭和十九年○月吉日／父／植村素子へ／追伸　素子が生れた時おもちゃにしていた人形は、お父さんが頂いて自分の飛行機にお守りにして居ります。だから素子はお父さんと一緒にいたわけです。素子が知らずにいると困りますから教えて上げます」（集英社版『戦没学生の手記』による[30]）

大岡はこの手紙の引用元を「集英社版『戦没学生の手記』による」としているが、私が調べたところでは、社団法人白鴎遺族会編『雲ながるる果てに――戦没飛行予備学生の手記――』（日本出版協同株式会社、一九五二年）の第一番目（同書、一三～一四頁）に、「愛児への便り（遺書）」として収録されている。

また、一九九五年に刊行された『増補版　雲ながるる果てに』には、「『雲流るる果てに』出版経緯／昭和二十七年（一九五二）、出版協同社より初版刊行。／昭和四十二年（一九六七）、河出書房新社より、かなづかい等を現代表記に改めて再刊。／昭和六十年（一九八五）、河出文庫として刊行。／平成七年（一九九五）戦後五十周年にあたり、収録篇数をこれまでの五十九篇（六十二名）から、八十一篇（八十四名）に増やし、増補版として刊行[31]」と記されている。

手紙本文（「愛児への便り（遺書）」）の前に、「植村真久／立教大学　東京都／神風特別攻撃隊大和隊、十九年十月廿六日比島セブから三機発進してレイテ湾に向ったが全機還らず。二十五歳、[32]」と略歴も記されている。

二五歳である。

松井が「大リーグ挑戦決断」をしたのは二八歳。

どちらも若者である。

どちらの若者も、「人（世）の悪口を言わない」。

不平不満、愚痴からは、ほど遠い「存在」である。

ディマジオも、長嶋も、武蔵も、空海もそうだ。

そして、「昭和ひとケタ生まれ」の世代も、若き日、きっとそうだった。

重松清の「――〝父〟の話を書きたかった。……お手本となったか反面教師だったかはともかく戦後の日本を支えてきた〝父〟の世代は、『これが俺たちの考える幸せというものだ』と確かに子供たちに伝えてくれた。僕たちは、はたして子供に伝えるべき幸せのかたちを持っているのだろうか……」という言葉が身に沁みる。

植村少尉の「手紙」は、本当に「優しい人の手紙」であった。

真に「人を憂える」ことのできる「男の手紙」だ。

最期まで、落ち着いた人であった。

このような人物が、実にたくさん「存在」していたのだ。

ここに『雲ながるる果てに――戦没飛行予備学生の手記――』の「発刊の言葉」を記しておく。


　終戦以来七年、今ようやくにしてこの書の発刊をみるにいたりましたことはまことに感慨無量なるものがあります。／そして、今この本に収録するために集められました四百五十通にあまる遺書、遺詠、遺文の数々はかつての戦争によりこの地上から消え去っていった多くの人々の、真実や、愛情や、知性が、新しい歴史のためにいかに高価な代償を支払ったかということを、声なき声をもって私達にひしひしと迫ってくるのを痛感いたすのであります。／なぜならば、ここにある『神風特別攻撃隊員』を含めたすべての人々の遺稿が、われわれの過去の清算のためではなくて、明日のために、よりよく生きるために、そしてまた人間を人間らしく取扱う明るい生活のために、自らがこの運命を選び死と対決したことを物語っているからであります。／ここにあるすべては、大学及び高専を卒業もしくは在学中に、海軍飛行専修予備学生を志願して散華していった人々の手記であります。／戦後、戦没学徒の手記として『きけわだつみのこえ』という本が刊行され、そしてそれが当時の日本の青年の気持の全部であったかのような感じで迎えられ、多大の反響を呼んだのであります。／確かにああした気持の者も、数多い中にはそうとうおったことと思います。／しかしながら、それが一つの時代の風潮におもねるがごとき一部からのみの戦争観、人生観のみを描き、そしてまた思想的に或いは政治的に利用されたかの風聞をきくにおよんでは、「必死」の境地に肉親を失われた遺家族の方々にとっては、同題名の映画の場合と同様に、あまりにも悲惨なそれのみを真実とするには、あまりにも呪われた気持の中に放り出されたのではないかと思います。／もちろん私達は現実を直視し、事実に眼をみひらくのにやぶさかではありません。それだけに、ほんとうに紙一重の生活の中から生還した者達として、当時の散華していかれた方々の気持はもっと淡々とした、もっと清純なものであったことを信じて、この世に訴えるべきだと思ったのであります。また一方で、従来までのいわゆる戦記物なる出版物を見ましても、すべてそれぞれの著者自身の主観が入りすぎて、「私はこうして作戦した」「私はこうして特攻隊を作ったのだ」ということのみであり、その戦いに殉じた人々の真の心情については触れるところが少ないように思うのであります。それが史実でありほんとうの意味での戦記として残されるべきものであるならば、もっとこのような点でも真実が現わさるべきであり、遺族の方々の身になってみれば、遺族がほんとうに望んでいる亡くなった人々の叫びを偽りなく出すべきではないかと思ったのであります。／私達はいたずらに死を讃美するものではありません。しかしながら死という人生の最終の段階までに到達した時に脈々とわき上がってくる気持こそ、真実の叫びだと思うのであります。或る者は「天皇陛下万歳」と叫び、或る者は死の一瞬に「お母さん」と叫んで突入してゆきました。／付表にありますように、軍隊という一つの組織の中にはめられ、なかんずく「神風特別攻撃隊」という枠の中に押し込められてむりやり突入させられたかのように言われておりました特攻隊員の中の准士官以上すなわち指揮官の実に八割五分までが学徒出身の飛行予備学生であったという事実は、歴史の記述においても重視せられるべきだと思います。この人々の遺した心の記録こそ現在の日本の国民の一人一人がそれぞれの立場から自分自身の血とし肉とすべきものを汲みとるべき重要なものを含んでいると思います。そのためにも主観を交えずにありのままの姿で出すべきであると思うのであります。[33]（後略）

増補版の方には、「増補版によせて」もある。

その、胸に突き刺さるところ（想い）、胸に熱きものを抱くところ（思い）、これも記しておく。

神風特別攻撃隊第五筑波隊長西田高光は、鹿屋基地で出撃を見送ってくれた海軍報道班員山岡荘八氏の問いにこう答えている「学鷲は一応インテリです。そう簡単に勝てるなどとは思っていません。しかし負けたとしても、その後はどうなるのです……おわかりでしょう。我々の命は講和の条件にも、その後の日本人の運命にもつながっていますよ。そう、民族の誇りにも……」そして「すべてのものに感謝しつつ別れを告げん。……つきぬ名残りもなしとせざるも明日の必中のために寝る」と書き残して、五時間後、敵艦に突入した。／昭和六十年、河出文庫として再刊され、次いでここに増補再刊するのは、終戦五十年を前にした平成五年七月、靖国神社遊就館に於いて「学徒出陣五十周年——蘇る殉国学徒の至情」特別展が一年間にわたって開催され——参観者は実に二十万人を超えたという——その時に参観者が記した『自由記述ノート』に、特に戦没者と同じ年齢の若者達が感涙とともに、「知らなかった」「もっと知りたい」「後世につたえたい」などの記述が多かったからである。ある大学生の「今、大切なものを失っている貧しさに気付き、新たなる生き方を与えられた」と感動が綴られていたことに、前途有為の身で散った戦没学徒は報われるかも知れない。／文化の創造を志した学徒達の、画一的な軍国主義に矛盾を感じながらも、苦悩を抑えての「いさぎよさ」の陰には、身をよじって慟哭する父母の悲憤の想いもあったことを知って戴きたい(34)。（後略）

宮本武蔵の「近代化」

ここで、日本の「近代化」というものについて考えてみたい。
この場合に、第3章で扱った『宮本武蔵』に関し、もう一度観ていくことにする。
山本七平の、『宮本武蔵』（吉川英治）観が面白いのである。

「宮本武蔵」は単なる剣豪小説とは言えないであろう。しかし、剣に非常に強く、生涯を剣に生きた一人物を主題としていることは否定できない。では、現代ではすでに縁遠いといえるこの剣一筋に生きた人物は、なぜ、日本人の心に訴える何かがあるのであろうか。恐《おそ》らくそれは単に剣に生きたことではなく、その「生き方」への共感なのであろう。／というのは剣に非常に強く、生涯を剣に生きたといえば、「三銃士」のダルタニヤンも同じである。この作品も、強くフランス人の心に訴えるものがあり、それもまたこの主人公の「生き方」への一種の共感があるからであろうが、面白いことに両者の生き方は全く違うのである。／ダルタニヤンは信義と友情に厚い好漢《こうかん》で、きわめて気持ちのよい人物に描かれているが、彼にとって剣とは一種の「術」であり、それを用いて立身出世の道を切り開き、同時に華やかな剣士として恋の対象になり、さまざまな冒険を乗り越えて行く手段であっても、剣そのものは、世俗の手段であるという点で「剣一筋」ではない。いわばこれが剣による彼の「生き方」である(35)。

『三銃士』のダルタニヤンにとって、「剣」とは一種の「術」であるという。
この場合、「剣」は「立身出世の道」に使用される「世俗の手段」であるのだという。
では、武蔵にとって、「剣」とは……。
山本は、『宮本武蔵』(吉川英治)誕生の「背景」を説明していく。
非常に興味深いことになる。

日本人にとって、「聖」と「俗」は分離した世界ではなかった。いわば何らかの宗教的目標へ向って修行をするのに、修行僧《しゅぎょうそう》になる必要はないのである。そして吉川英治の「宮本武蔵」はこういう背景がない限り、生れて来ない作品である。と同時に、彼にとって剣はダルタニヤンとは違った意味の手段であるから、それを手段としてある目標に到達したなら、当然に捨て去り忘れ去ってよい対象であった(36)。

もともと日本人は、「何らかの宗教的目標へ向って修行をするのに、修行僧になる必要はない」のだという。

そして、驚かされるのは、武蔵（日本人）にとって、「剣」（「道具」）が「手段としてある目標に到達したなら、当然に捨て去り忘れ去ってよい対象であった」と、述べられている点である。

磨いて、摩って、よく手入れすることが大事とされた「道具」というものを、いくら「目標に到達した」とはいえ、「当然に捨て去り忘れ去ってよい」とは、一体どういうことなのであろうか。[37]

山本は、ここで、鈴木正三をもってくる。

> 私はここで、武蔵との同時代人、彼とともに大坂ノ陣に出陣した鈴木正三《しょうさん》のことを考えざるを得ない。この武蔵と同時代に生きた三河武士は、後に出家して多くの著作を世に問うたが、彼の考えた禅と世俗の世界との関係をもう一度検討してみたいと思う。／吉川英治氏の描く宮本武蔵にとっては、剣は「世俗の手段」ではなく、剣禅一如《けんぜんいちにょ》ともいうべき宗教的修行の手段であり簡単に言えば、「剣術則仏行」であった。それなるがゆえに、一切《いっさい》を捨てて、剣の道という仏行一筋になり得るわけである。これはおそらくこの時代の武士に、ある程度は一般化していた発想ではなかったかと思われる。というのは鈴木正三はさらにこの原理を四民《しみん》（士農工商）に広げ「農業則仏行」「何の事業も皆仏行」と説くわけである。そう考え

> たときに、武蔵が剣一筋であったように、農民は鋤《すき》一筋となり、職人はのみ（傍点は山本）一筋となって、それを仏行と考えてひたすらそれに精進することに無限の価値を認め、その行きつく先に自己完成を求めればよいことになる。考えてみれば、これは実にユニークな発想であった。／私はこの世俗の業にそのまま仏行という宗教的価値を認めたこと、すなわちただひたすら働くことを宗教的修行と考えて精神的充足をその中に見出し、同時にそれを宗教的な自己完成の手段としたことに、日本の近代化の基礎があると考えているが、その先鞭をつけたものがまさにこの「剣禅一如」という発想だったわけである。その点、少々奇妙な言い方になるが、「宮本武蔵」は、近代化の第一歩もしくはその原点を描いた小説なのである。(38)

「武蔵」にとって、「剣」とは、「世俗の手段」ではなく、「剣禅一如ともいうべき宗教的修行の手段」なのだという。

「剣禅一如」、「剣術則仏行」とは、まさに「剣一筋（剣の道）」を意味する。

「剣」という「道」の中にすべてが入っているのである。

否、目指すべき「実の道」はすべての「道」から通じているのである、といった方がよいだろう。

「当然に捨て去り忘れ去ってよい」ということと「磨いて、摩って、よく手入れする」といったこととは、全く次元の違う話であったのだ。

「道具」とは何か、本書の第3章でも論じた。

「道具」とは、「道＋具わる」であった。

「道が（に）具わっている」のである。

「道が（に）準備されている」のである。

あるいは、「道」の「具」である。

「みそ汁の具」といったら、ネギや豆腐や油揚げをいう。

「みそ汁」というものが、「みそ汁の具」と一体化して、「みそ汁」であるのと一緒で、「道」は「道具（道の具）」と一体化して「道」であるのだ。

また、「道具」自体が、ないし「道具」だけ（そのもの）では「道」を成さない、これは当然である。

「道具」は、「道」と溶け込み一体となって「道」を成し、初めて「実の道」（「真言」）へと通じるのである。

その意味で、「道具（剣の道）の存在」自体は「当然に捨て去り忘れ去ってよい」ということにもなる。

武蔵の「剣一筋」と同様に、農民の「鋤一筋」、職人の「のみ一筋」も、仏行（修行）と捉え、「ひたすらそれに精進することに無限の価値を認め、その行きつく先に自己完成を求めればよい」ということになると、ヴェーバーの『プロテスタンティズムの倫理と資本主義の精神』が、ふと浮かび上がって来る。(39)

だから、面白いのである。


「忘れる」、「捨てる（失う）」というのは悪い意味ばかりではない。

「我を忘れて精進する」、「無我」にも通じる。

「捨てる」も同様、他者のための「喜捨」に通じる。

「身を捨ててこそ浮かぶ瀬もあれ」、「捨て身の覚悟」。

私は、「ロスト・ワールド」、「失われた世界」、「忘れられた世界」をも、そのような語感をもって「思い」たくなってきた。


たとえば、太平洋戦争に敗れ、相手が自分より強かったと認めた瞬間「謹んで教えを乞わん」となり、相手に学んで相手以上になってしまおうという行き方をすることが、まるで本能のような、自覚せざる国民的合意になってしまう。いわば、一瞬前の「敵」は、その瞬間に「師」に一変してしまう。しばしば日本人は「忘れっぽい」と言われるが、これは「忘れる」とは別の価値の転換であり、この転換をなし得ることは、その背後に一つの思想があるということである。／それはなんであろうか。おそらく「宮本武蔵」の、試合後の吉岡一門や佐々木小次郎に対する態度に通ずるものがあるであろう。いわばこの場合、たとえ彼が敗れ去っても――ということは勝っても――、それは敵に敗れたのでもなく、敵に勝ったのでもないからである。相手の思惑《おもわく》とは関係なく、自己も他も共に一種の修行をしているもの、すなわち生死にかかわりなく、剣を手段として自己完成を求めている者であり、それが相い対したと見なしているからであろう。そしてその態度に到達することに、自己完成の一里程標を求めているのであり、それは「忘れる」とは無縁な考え方である。／「宮本武蔵」の主題の分析はもちろん以上でつきるわけではなく、これはほんのその一端にすぎない。しかし、その一端である以上のような考え方もまた、徳川時代から現代まで、時代の変遷《へんせん》を越えて伝わっており、それが小説化されているがゆえに、「宮本武蔵」は読みつがれているのであろう。

確かにこの作品は、日本人の特質を実によく描き出している。[40]

日本が、「太平洋戦争に敗れ、相手が自分より強かったと認めた瞬間『謹んで教えを乞わん』となり、相手に学んで相手以上になってしまおうという行き方をする」、「一瞬前の『敵』は、その瞬間に『師』に一変してしまう」のは、「たとえ彼（武蔵、ひいては日本）が敗れ去っても――ということは勝っても――、それは敵に敗れたのでもなく、敵に勝ったのでもないから」であり、「相手の思惑とは関係なく、自己も他も共に一種の修行をしているもの、すなわち生死にかかわりなく、剣を手段として自己完成を求めている者であり、それが相い対したと見なしているからであろう。自己完成の一里程標を求めているのであり、それは『忘れる』とは無縁な考え方である」と、山本は言っている。

が、やはり、「忘れる」という表現が、重要なポイントなのだ。

ひたすら「道」に精進する。

武蔵は「剣一筋」にひたすら生きる。

農民は「鋤一筋」にひたすら生きる。

職人は「のみ一筋」にひたすら生きる。

それは、「ひたすらそれに精進することに無限の価値を認め、その行きつく先に自己完成を求め」るからだ。

我を忘れる「仏行（修業）」に通じ、我を無くす、私・我欲から離れる、私心の無い、つまり無心、すなわち「無我」に至るのである（自己完成）。

それが、「実の道」（「真言」）の世界である。

この場合の「忘れる」とは、大事な「何か（「実の道」・「真言」）」を「想い出（いずる）」ことによって、これから先を「思い立つ」ことを意味するもの（思想）と、私は解釈する。

こうしてみると、「価値の転換」という表現も、山本が伝えてくれたこと（少なくとも私に）と馴染まない気がする。

「大事な『何か（「実の道」・「真言」）』を『想い出（いずる）』ことによって、これから先を『思い立つ』」、一筋——無我——自己完成（「実の道」・「真言」の世界）へ向かう、「忘れる」という「思想」、これは魅力的である。

何ゆえに、武蔵のみならず、松井（長嶋、ディマジオ……その他多くの「忘れることのできる人たち」、「忘れることの演じられる人たち」）が、人を惹きつけるのかがわかる。

その逆に、「忘れることを演じられない」ことが、どれだけ人を遠ざけるか、延いては悲劇を生むことにもなるのか……様々な場面、局面、そして立場から想像できよう。

※　※

そう言えば、前述した加藤典洋の「さようなら、『ゴジラ』たち――文化象徴と戦後日本――」は、次のような形で終わっている。

日本でのシリーズは、二〇〇四年の『ゴジラ FINAL WARS』というもので終わっている。しかし、これで最後とは明言されていない。ただし、東宝は、撮影所に常置していたゴジラ撮影用のプールを最終的に解体した。シリーズの再開は、難しいだろう。／しかし、もしもう一作、ゴジラが作られるなら、筆者はぜひその脚本制作陣の一角に加えてもらいたいものだと思っている。筆者の考えからすると、ゴジラにはまだ、し残していることがある。それを行わないことには、成仏できないのである。筆者のアイディアは以下の通り。ゴジラが再びやってくる。品川沖から東京に上陸する。夜であってほしい。そのゴジラはこれまで行かなかったところに行く。／行き先は、靖国神社。／ゴジラは、靖国神社を破壊する。(41)

注

(1) 松井秀喜『エキストラ・イニングス――僕の野球論』文藝春秋、二〇一五年、一六一～一六三頁、傍線および傍点は引用者。

(2) 田中章義『バットマン物語　松井秀喜の真実』講談社、二〇〇三年、五七頁、傍点は引用者。

(3) 阪急コミュニケーションズ『pen』No. 365、二〇一四年七月一五日、六二頁、傍点は引用者。

（4）小野俊太郎『ゴジラの精神史』彩流社、二〇一四年、一四六頁。
（5）加藤典洋「さようなら、『ゴジラ』たち――文化象徴と戦後日本――」、同『さようなら、ゴジラたち――戦後から遠く離れて――』岩波書店、二〇一〇年、一四五〜一四六頁、傍点は引用者。
（6）同前、一四六頁、傍点は引用者。
（7）マガジンハウス『ゴジラ徹底研究：完全保存版　GODZILLA』二〇一四年九月、三五頁、傍点は引用者。
（8）同前、傍点は引用者。
（9）前掲、加藤『さようなら、ゴジラたち――戦後から遠く離れて――』一六五〜一六六頁、傍点は引用者。
（10）同前、一六六頁、傍点は引用者。
（11）同前、一七二頁、傍点は引用者。
（12）北原尚彦「コナン・ドイル――『ゴジラ』生みの〝曾祖父〟――」、『ゴジラ完全解読』（別冊宝島二二〇七号）宝島社、二〇一四年七月、三九頁、傍点は引用者。
（13）同前、傍点は引用者。
（14）同前、傍点は引用者。
（15）同前、傍点は引用者。
（16）重松清『定年ゴジラ』講談社文庫、二〇〇一年、三六頁、傍点は引用者。
（17）同前、三六〜三七頁、傍点は引用者。
（18）鷺沢萌「解説」、同前、四三一〜四三二頁、傍点は引用者。
（19）同前、四三二頁、傍点は引用者。
「キグチコヘイ　ハ　テキ　ノ　タマ　ニ　アタリマシタ　ガ、シンデモ　ラッパ　ヲ　クチ　カラ　ハナシマセンデシタ」（尋常小学校修身教科書）。
（20）同前、傍点は引用者。
（21）同前、四三二頁、傍点は引用者。

(22)「Matsui 引退会見」、『月刊アクタス臨時増刊号　ありがとう松井秀喜』北國新聞社、二〇一三年一月一五日、一二頁、傍点は引用者。

(23) 同前、傍点は引用者。

(24) 同前、傍点は引用者。

(25) 同前、傍点は引用者。

(26) 同前、一三頁、傍点は引用者。

(27) 大岡昇平『レイテ戦記』中央公論社、一九七一年、一五八〜一五九頁、傍点は引用者。

(28) 同前、一九七一年、一六二〜一六三頁、傍点は引用者。

大岡は、「植村少尉のエピソード」の出所を「(『神風特別攻撃隊』)」とだけしているが、正確な出所を記しておく。

①猪口力平・中島正『神風特別攻撃隊』日本出版協同株式会社、一九五一年、一一四〜一一六頁。

②猪口力平・中島正『神風特別攻撃隊の記録』雪華社、一九六三年、五三〜五四頁。

②の『神風特別攻撃隊の記録』には、「本書の概要は、昭和二十六年に『リーダーズ・ダイジェスト』によって全世界に紹介され、その後、アメリカ、フランス、イギリス、ドイツ、イタリア、スペイン、ノルウェー、フィンランド、アルジェンチンのかっこくにおいて、翻訳出版され、多大の反響を呼んだ。このたび新しく版を起こすにあたっては、アメリカ国防省の発表によるアメリカ側の被害状況をはじめ、新しい関係資料を附記して、若干の改訂をほどこした」(同書「まえがき」)とある。

松井は次のようなことを言っている。

植村少尉の弁を彷彿させる。

謙虚さを感じる。

そして、やはり、「努力できることが、才能である」、なのである。

「僕は決して『野球センスにあふれる』というタイプではありません。両親からもらった丈夫で大きな体は、いくら感謝しても足りないぐらいです。しかし、何をやってもすぐに修得できるという天才型ではありませんでした。むしろ、人よりも進歩は遅かったように思います。／子供の頃だと、努力しないで出来る方が格好よく見えますよね。汗をかかずに楽々とやってのけたいという思いがあります。でも、僕にはそれができませんでした。努力しなければ、人並みにもなれないタイプでした。／そんなときに支えてくれた言葉でした。『努力できることが才能である』。試合に負けて、打てずに悔しいとき、素振りをしながら、父が書いてくれた紙を見つめました。この言葉が、僕の希望でした。／プロ入りして実家を出るまで三度、部屋が変わりましたが、この紙だけは大切にはがして、新しい部屋に貼った記憶があります。／大リーグには才能あふれるプレーヤーがたくさんいます。その中に入って、あらためて思っています。どんな世界であれ、努力をせずに成功した人などいないのではないでしょうか。／さらに成長するため、ニューヨークの部屋にも、あの紙を貼ろうかと考えています」（松井秀喜『不動心』新潮社、二〇〇七年、八六～八七頁、傍点は引用者）。

(29) 伊集院静『逆風に立つ――松井秀喜の美しい生き方――』角川書店、二〇一三年、八八～九〇頁、傍点は引用者。

「これは後に、私が長嶋氏と対談した時、彼が言った言葉である。／『私が監督をしている時の九年間で、一番練習した選手は松井です。練習をしているかどうかはわかるんです。一ヵ月、二ヵ月一生懸命する選手はたくさんいます。調子が良くなると、彼等は練習をしなくなるんです。それではダメなんです。三年、五年、十年先の自分のバッティングがどうなりたいと思い描いて、それを信じて毎日欠かさず練習ができる選手でないと大成しないんです。松井はそれを唯一できた選手です。松井は器用と不器用で見ると、不器用な方の選手です。でも九年間、彼は一日も練習を怠らなかった唯一の選手でした』／『あなたは松井選手が夜も自宅でスイング練習をしているとどうしてわかったのですか？』私が訊くと、長嶋氏はニヤリと笑って小声で言った。／『夜中に電話をするんです。酒場に行って遊んでいたら周りの音ですぐわかるんです。松井はいつも息を切らして携帯電話に出てましたから……』」（同前、六八～六九頁、傍点は引用者）。

「『私、松井秀喜は今季取得したフリーエージェントの権利を行使いたしまして、来季よりアメリカ、メジャーリーグでプレーするということを望み、その道を選びました……』最初こそ声が緊張していたが、松井の口から出てくる言葉はすべてが完璧《かんぺき》だった。美しい日本語を、今、目の前で一人の若者が話している、と私は思った。／その言葉を聞いた時、そこまで言うことはないのだよ、と思った。でもそれが松井選手がどれだけ悩み抜いたかの証明に思えた。そして、あの言葉が出た。／『決断した以上は、命を懸けて戦ってきます』私はその言葉を耳にして、背中に戦慄《せんりつ》が走った。君はこの挑戦に命を懸けると言うのか……。これまで松井選手と何度も逢って、彼が本心でないことを口にしたのを一度たりとも耳にしていなかったから、彼の決心がそこまでのものなのか、と驚愕《きょうがく》した。日本中が大騒ぎになった。会見を聞いた人たちの誰もが、一人の若者が誠実に自分の決心を理解して欲しいと語った一言一言に感動していた」（同前、八三〜八四頁、傍点は引用者）。

(30) 前掲、大岡『レイテ戦記』、一六三〜一六四頁、傍点は引用者。

(31) 白鴎遺族会編『増補版　雲ながるる果てに――戦没飛行予備学生の手記――』河出書房新社、一九九五年、巻末。増補版の方では、植村少尉の「愛児への便り」は、第五番目（同書、三三〜三四頁）に掲載されている。

(32) 社団法人白鴎遺族会編『雲ながるる果てに――戦没飛行予備学生の手記――』日本出版協同株式会社、一九五二年、一三頁、傍点は引用者。

(33) 前掲、白鴎遺族会編『増補版　雲ながるる果てに――戦没飛行予備学生の手記――』四〜六頁、傍点は引用者。前掲、社団法人白鴎遺族会編『雲ながるる果てに――戦没飛行予備学生の手記――』では、一〜三頁に記載されている。

(34) 同前、『増補版　雲ながるる果てに――戦没飛行予備学生の手記――』一〜二頁、傍点は引用者。

(35) 山本七平「『宮本武蔵』による日本人論」、吉川英治『吉川英治全集15　宮本武蔵（一）』講談社、一九八〇年、三八八頁、傍点は引用者。

(36) 同前、三八九頁、傍点は引用者。

(37) 「兵法の道では、士卒《しそつ》たるものは大工であり、自分でその道具を研《と》ぎ、いろいろな責め道具をつくり、大工の箱に入れて持ち、棟梁の指示に従い、柱や虹梁《こうりょう》（化粧梁――訳・校訂者）などを手斧《ちょうな》で削り、床・棚を鉋《かんな》で削り、透かし物や彫り物などもして、よく寸法を確かめ、隅々やめんどう（長廊下――訳・校訂者）までも手際よく仕上げること、これが大工のあり方である。／大工の技術を手にかけてよく仕覚え、墨金の法をよくわきまえれば、後には棟梁となるものである。大工の嗜み（心得――訳・校訂者）は、よく切れる道具を持ち、暇ひまには研ぐことが肝要である」（宮本武蔵／訳・校訂大倉隆二『決定版　五輪書　現代語訳』草思社、二〇一二年、一五～一七頁、傍点は引用者）。

(38) 前掲、山本「『宮本武蔵』による日本人論」三八九～三九〇頁、傍点は引用者。

(39) 黒岩重吾は、「『聖書』と武蔵」と題して、次のようなことを書いている。

「吉川さんが、宮本武蔵を通じて描こうとされたのは、人生に於けるストイックの価値と精神美であろう。／私は、吉川さんとキリスト教の関係を知らないが、若い頃、宮本武蔵を読んでいて、『聖書』との共通点を感じたことがあった。／吉川さんが描いた宮本武蔵を貫くモラルは、厳しいが、人間に対する大きな愛情に包まれてるように思える。だからこそ、数え切れない人々に読まれ、『国民文学』となったのである」（黒岩重吾「『聖書』と武蔵」、吉川英治『吉川英治全集18　宮本武蔵（四）』講談社、一九八〇年、四〇三頁）。

(40) 前掲、山本「『宮本武蔵』による日本人論」三九一頁、傍点は引用者。

(41) 前掲、加藤『さようなら、ゴジラたち――戦後から遠く離れて――』一七二頁。

おわりに

マックス・ヴェーバー（一八六四〜一九二〇）と内村鑑三（一八六一〜一九三〇）。

ほぼ同世代の、この二人には、「口うるさく、理屈っぽく、そして激しく、厳しいお爺さん」というイメージがある。

少なくとも、私は、そう感じていた。

例えば、ヴェーバーは、「アメリカの青年たち」について、次のようなことを言っている。

——①

アメリカの青年たちは、なにものをも、またなんぴとをもはばからない。かれらは伝統や社会的地位にたいしても敬意を払わない。かれらが重んじるのはただ人々の個人的業績だけである。そして、これをアメリカ人は「民主主義」と呼んでいるのである。……かれらは教師というものをこう考えている、この男は僕にかれの知識や方法を僕のお父さんのお金と引

換えに売っているのだ、ちょうど野菜売りの女が僕のお母さんに甘藍《キャベツ》を売るように、と。(1)

あるいは、「アメリカ合衆国」自体についても、こうだ。——②

営利のもっとも自由な地域であるアメリカ合衆国では、営利活動は宗教的・倫理的な意味を取り去られていて、今では純粋な競争の感情に結びつく傾向があり、その結果、スポーツの性格をおびることさえ稀ではない。（中略）こうした文化発展の最後に現われる「末人たち」》letzte Menschen《にとっては、次の言葉が真理となるのではなかろうか。「精神のない専門人、心情のない享楽人。この無《ニヒツ》のものは、人間性のかつて達したことのない段階にまですでに登りつめた、と自惚れるだろう」(2)と。

内村も負けていない。

「全キリスト教徒」に向けて、凄みを感じさせる、激しい言葉を投げかけているからだ。——③

私は、サムライの子のなかでもっとも卑小なる者、イエスキリストに従う者のなかでもっとも卑小なる者であります。いずれの関係においても、もっとも卑小なる者でありますが、それにもかかわらず、現在の自分のうちにあるサムライに由来するものを、無視したり等閑に付したりすることはできません。まさに一人のサムライの子として、私にふさわしい精神は自尊と独立であり、狡猾な駆け引き、表裏のある不誠実は憎悪すべきものであります。キリスト者の律法に比し、勝るとも劣らぬサムライの定めでは、「金銭に対する執着は諸悪の根源なり」であります。そのため、近代のキリスト教が公言してはばからないもう一つの律法「金銭は力なり」に対して、サムライの子であるからには毅然として異議を唱えるのは、私の当然の務めであります。まことに、たとえこの世の全キリスト教信徒が反対側に立ち「バール・マモン（良い意味ではない富、金銭の神――引用者）これぞわが神」と唱えようと、神の恩恵により真のサムライの子である私は、こちら側に立ち言い張るでありましょう。「いな、主なる神のみわが神なり[3]」と。

①は、ヴェーバーによる一九一九年一月にミュンヘンで行なわれた講演 Wissenschaft als Beruf（『職業としての学問』）の中での一節であった（ヴェーバーはこの翌年に亡くなる）。
尾高邦雄の「旧訳の序」によれば、こうだ（一九三六年）。

人々の心が大戦後の動揺と既存の秩序にたいする疑惑に満ちていたその当時、感受性に富む青年たちの心がこうした時代の風潮の支配下にあったことは想像にかたくない。学問の世界においてもそうであった。青年たちの心は日々の仕事を捨てて先走りした。かれらは現実のかわりに理想を、事実のかわりに世界観を、認識のかわりに体験を、専門家のかわりに全人を、教師のかわりに指導者を欲した。ウェーバーがこの講演をおこなったさい、その当の相手はこのような青年たちだったのである。ウェーバーは青年たちに向かって「日々の仕事に帰れ」と叱咤《しった》した。かれにとっては青年たちのこのような動揺は「流行」であり「時代病」であった。それは矯《た》められるべき浮薄さであり、鍛《きた》えられるべき弱さであった[4]。

右の「大戦後」とは、当然ながら、「第一次世界大戦（一九一四～一八年）直後」ということになる。

尾高が「旧訳の序」を書いたのは、「一九三六年五月[5]」であるから、「二・二六事件」直後、ということになる。

尾高は、最後に言う。

このような倫理観（「日々の仕事に帰れ」——引用者）が、こんにち（一九三六年当時

——引用者）の日本社会ではどのように評価されるべきであるかは、ここに論じない。ただ、ウェーバーがこの講演のなかで当面しているものによく似た事態が現代（一九三六年当時——引用者）の日本にもみいだされるということ、したがってこの書物がすくなくとも一部の人々にはなんらかの反省の機会をつくるであろうということ、このことはここに確信しうると思うのである。(6)

②は、ヴェーバーの『プロテスタンティズムの倫理と資本主義の精神』（一九〇五年初出）の最後部である。

大塚久雄が、「訳者解説」で、次のようなことを書いている（一九八八年）。

こういう人々（職人——引用者）は、金儲けをしようなどと思っていたわけではなく、神の栄光と隣人への愛のために、つまり、神からあたえられた天職として自分の世俗的な職業活動に専心した。しかも、富の獲得が目的ではないから、無駄な消費はしない。それで結局金が残っていった。残らざるを得なかった。これは彼らが隣人愛を実践したということの標識となり、したがってみずからの救いの確信ともなった。が、ともかく結果として（傍点は大塚）金が儲かってくる。ピュウリタンたちはそれを自分の手元で消費せず、隣人愛にかなうようなことがらのために使おうとした。たとえば彼らは公のために役立てようと寄付した。その精神がどこまでそのまま伝えられているか分かりませんが、アメリカの金持ちたちが財団をつくったりするのは、そういうことの名残りだと言われています。／ところが、結果として金が儲かっただけではない。他面では、彼らのそうした行動は結果として、これまた意図せずして、合理的産業経営を土台とする、歴史的に全く新しい資本主義の社会的機構をだんだんと作り上げていくことになった。そして、それがしっかりとでき上がってしまうと、こんどは儲けなければ彼らは経営をつづけていけないようになってくる。資本主義の社会機構が逆に彼らに世俗内的禁欲を外側から強制するようになってしまったわけです。こうなると信仰など内面的な力はもういらない。いつのまにか、ジョン・ウェズリーが嘆いているように、信仰は薄れていくことになる。こうして、宗教的核心はしだいに失われて、世俗内的禁欲のエートスはいつとはなしにマモン（富――引用者）の営みに結びつき、金儲けを倫理的義務として是認するようになってしまった。これが「資本主義の精神」なのです。[7]

さらに、大塚は言う。

精神を失った「天職義務」の行動様式だけが亡霊のように残存するにいたった。が、ついに、それさえも消え去っていこうとしています。それがいわゆる「イギリス病」ではないか、と前段でコメントしておいたとおりです。かつてヴェーバーは、単なる貨幣の操作からは健常な資本主義を作り上げる精神は生まれてこないと言いました。いま日本の人々は、民間の活力を利用せよと叫ぶ。しかし、そのまえにもう一度このヴェーバーの言葉をよく考えてみるべきではないでしょうか。[8]

この大塚の「訳者解説」が書かれたのは、一九八八年であるから、いわゆる「バブル経済」真っ盛りのときにあたる。

③は、内村鑑三『代表的日本人』の「ドイツ語訳版後記」（一九〇七年）の結びの段である。鈴木範久は「解説」する（一九九五年）。

一八九一（明治二四）年一月九日、教えていた第一高等中学校の教育勅語奉読式で「不敬事件」を起こし、退職を余儀なくされた内村は、その後、大阪、熊本、京都と移り住み、妻子をかかえて極貧生活をつづけていた。その中から『基督信徒の慰』、『求安録』などを著し、文筆により文字通り糊口をしのいでいた。英文による自伝 How I Became a Christian は脱稿されたものの刊行にまでは至らなかった。内村が、さかんに日本の「偉人」たちの伝記に親しみを示すのは、ちょうど同じころのことである。キリスト教国の人々から「異教徒」と呼ばれている日本人のなかに、内村は、キリスト教徒よりも、むしろ優っている人物のいることを見出していた。／内村のこの傾向は、はやくもアメリカ留学中に萌していて、一八八五年夏に書かれた「ヤマトダマシイ」論にもうかがわれる。そこには西郷隆盛の名がみられるし、やがて父から送られてきた日蓮の伝記も愛読する。同時に内村に深い影響を与えた書物として、カーライルのいわゆる『英雄崇拝論（On Heroes and Hero-worship）』をあげたい。これは内村にいわせるならば、ただの「英雄崇拝」ではなく、それまで多少疑問視もされていた人物に、新しい光をあてるとともに、「神を拝する如く」でなく描いた書物である。この二点は内村においても、本書に収めた人物（西郷隆盛、上杉鷹山、二宮尊徳、中江藤樹、日蓮上人――引用者）の叙述の特徴になる(9)。

右の「解説」が書かれた一九九五年。

今となれば、「バブル経済」が崩壊してしまった後に、日本人が、「失われた一〇年」・「失われた二〇年」といった、つくられた「停滞・閉塞感」に、確実に蝕まれ出したときである(10)。

この年の三月には、「地下鉄サリン事件」が起こっている（一月の「阪神淡路大震災」直後の出来事であった)。

こうして尾高、大塚、鈴木の「説明」を聴いていると(実際は読んだのだが、名講義を聴いているようであった)、東西を代表する口うるさく、激しい気性の(実は、真の意味で優しい)似た者同士、二人のお爺さんが、「響き」あって、私たちに伝えようとしていたこと、これ(「実の道」・「真言」)を感じられたような気がする。

本書で扱った「松井秀喜」という存在、これをヴェーバーと内村ならば、どう評価するであろうか。

いずれにしても私は、ある「存在」を「萃《すい》点」(あつまるところ、又は交差点の意——鶴見和子)とした「曼陀羅」(複雑な歴史の織りなす織物——大塚久雄)を観察していく努力を続けていくだけである。(11)

それでいいのだ。

注

(1) マックス・ウェーバー／尾高邦雄訳『職業としての学問』岩波書店、一九八〇年、五八頁、傍点は引用者。
(2) マックス・ヴェーバー／大塚久雄訳『プロテスタンティズムの倫理と資本主義の精神』岩波書店、一九八九年、三六六頁、傍点は引用者。
(3) 内村鑑三／鈴木範久訳「『代表的日本人』ドイツ語訳版後記」、同『代表的日本人』岩波書店、一九九七年、一八四頁、傍点は引用者。
(4) 尾高邦雄「旧訳の序」、前掲『職業としての学問』九〇頁、傍点は引用者。
(5) 同前、九一頁、傍点は引用者。
(6) 同前、傍点は引用者。
この「旧訳の序」を読むと、本書第3章の「吉川英治の『武蔵』観」の冒頭に載せた、「昭和一一（一九三六――引用者）・四　草思堂にて」と記されている、吉川英治『宮本武蔵』の「序」を想起する。

「書くからには、かつての余りに誤られていた武蔵観を是正して、やや実相に近い、そして一般の近代感とも交響できる武蔵を再現してみたいという希《ねが》いを私はもった。――それと、あまりにも繊細に小智にそして無気力に堕している近代人的なものへ、私たち祖先が過去には持っていたところの強靭《きょうじん》なる神経や夢や真摯《しんし》な人生追求をも、折には、甦《よみが》えらせてみたいという望みも寄せた。とかく、前《まえ》のめり（傍点は吉川）に行き過ぎやすい社会進歩の習性にたいする反省の文学としても、意義があるのではあるまいか、などとも思った。それらが、この作品にかけた希いであった」（吉川英治『吉川英治全集15　宮本武蔵（一）』講談社、一九八〇年、九頁、傍点は引用者）。
(7) 大塚久雄「訳者解説」、前掲『プロテスタンティズムの倫理と資本主義の精神』四〇四～四〇五頁、傍点は引用者。
(8) 同前、四〇六頁、傍点は引用者。
(9) 鈴木範久「解説」、前掲『代表的日本人』、一九七～一九八頁、傍点は引用者。
「内村は五人の人物を著すにあたり、いったい、どのような資料を用いたのであろうか。（中略）これらの資料を通じて、全体的にいえる特徴は、いずれも当時容易に入手でき、しかも通俗的で、少年読み物の類《たぐ》いまであることである。今日の目から見れば学問的には評価の低い資料が多いが、それは時代の制約からみても致し方がないであろう。問題は、内村が、これらの資料をどのように用いたか、との点にある。これらを、もしも内村が忠実に用いるだけに過ぎないとしたならば、英文でわざわざ本書の書かれる理由も小さく、その意義もない。／本書をとおして内村が、内外の人々（想定された読者は外国人のみならず、日本の知識層および英学生とみられる）に訴えようとした点、あるいは本書にこめられた主題を要約すると、次のようになろう。／一　西洋のキリスト教会に伍し、優とも劣らぬ日本人のいたことを紹介しようとしている。日本の伝統に対する評価は、ドイツ語版後記で記している。キリスト教の『接ぎ木』される単なる『台木』よりもっと高い。／二　とりあげた人物の、それぞれ歴史的な人物像の忠実な描写というよりも、内村の理解したキリスト教的人物像が投射され、いわば独自の宗教的人間像が創出されている。／三　最初の執筆時（日清戦争中）の時代状況が強く反映し、「西郷隆盛」論をはじめ、改版された『代表的日本人』にも、まだ色濃いナショナリズムがみられる。／四　近代の西洋文明と、それを安易に受容した近代の日本文明への批判になっている。／「日蓮」は、経歴において共通点が少なくなく、みずから日本における「キリスト教の日蓮」たらんとの志が窺われる。この意味で本書を書くことにより、キリスト教を受容した日本人である内村自身の、アイデンティティの確立がはかられたものといえる」（同前、二〇一～二〇二頁、傍点は引用者）。

(10)　「失われた一〇年」・「失われた二〇年」といった、つくられた「停滞・閉塞感」については、篠崎尚夫「石橋湛山——『花見酒』の経済政策思想——」（大森郁夫責任編集『日本の経済思想1』日本経済評論社、二〇〇六年、二二七～二六三頁）と篠崎「小峰隆夫他編『エコノミストの戦後史——日本経済50年の歩みを振り返る——』」（日本経済思想史学会編『日本経済思想史研究』日本経済評論社、二〇一六年三月、五一～五四頁）を参照されたい。

(11)　大塚久雄の「ヴェーバー解釈」に興味をもった。

「よくマックス・ヴェーバーはマルクスの唯物史観を批判して、歴史の動きを宗教から説明しようとした、などという人がありますが、これは大間違いなのです。ヴェーバー自身が、私は絶対にそんな馬鹿げたことを言おうとしているのではない、と力をこめて言っております。彼は確かにマルクスの唯物論的歴史観を批判しました。しかし、同時に、マルクスの史的一元論も批判しているのです。ヴェーバーはいわば徹底的な史的多元論の上に立って、その上で個性的因果関係の大きな筋道を探し求めようとしたのでした。もちろん、彼はそれぞれの文化領域にみられる規則性（レーゲル）は重要視しました。が、世界史の基本法則といったものは絶対に認めませんでした。ヴェーバー自身言っております。私はプロテスタンティズムが近代の資本主義文化をつくったとか、近代の資本主義社会は宗教改革の産物であるとか、そういったことを絶対に言おうとしているのではない。だいいち宗教改革を遂行した人々は、資本主義文化をつくり上げようなどとはいささかも考えていなかった。そんなことは全然彼らの年頭になかった。もしこうした歴史的結末になったことを彼らが知ったとすれば、おそらく、われわれはこんなことをまったく意図してはいなかったと言うに違いない。彼らはただ、無数の歴史的要因の錯綜するなかで、意図せずして資本主義文化の発達を促進するという役割を果たしたに過ぎなかったのだ、と。それと同時に、資本主義社会の機構が確立するとともに、禁欲的プロテスタンティズム自身もそうした文脈では歴史の背景に退くほかなかったことも、ヴェーバーは指摘しております。プロテスタンティズムの主流は、ルネッサンスの影響などさまざまな諸要因の絡み合いのなかで、いわゆる自由主義的プロテスタンティズムの姿をとるようになり、あの激しかった反（傍点は大塚）営利的な性格をまったく失われてしまうのです。こうしてヴェーバーが言おうとしているのは、宗教改革後の一時期に、複雑な歴史の織りなす織物のなかに一つの、しかし大切な横糸か経糸かを禁欲的プロテスタントがつけ加えた、そういうことだけなのであって、宗教改革ないしは禁欲的プロテスタンティズムが資本主義文化をつくり出した、などといったことでは絶対になかったのです」（大塚久雄「訳者解説」、前掲『プロテスタンティズムの倫理と資本主義の精神』四〇八～四〇九頁、傍点は引用者）。

それから、本書「はじめに」の注記（6）に、私は以下のようなことを書いておいた。

「鶴見和子が次のようなことを書いていたことを想い出した。／現在の勤務先に着任した際（二〇〇一年）に、手にした本である。／今回の作業を通じて、鶴見が伝えようとしていたことが、やっと少しずつ、わかってきたような気がする。感謝したい。／『もともと曼陀羅は、真言宗の世界観を示したもので、大日如来を中心に置き、他の諸仏、諸菩薩が大日如来との関係でそれぞれの位置を占めていることを図で示したものである。南方（熊楠――引用者）はその曼陀羅を、物質的なものであれ精神的なものであれ、ありとあらゆる現象の相関関係を捉える科学方法論のモデルであると解釈しなおしたのである。南方の議論は完璧なものではなかったが、当時だけでなく現代にも通じる論理学および科学方法論の中心課題をついたのである。／南方曼陀羅が科学方法論のモデルとしてきわめて重要であることを示す第二点は、萃点（あつまるところ、又は交差点の意）を強調したことである。胎蔵界曼陀羅と金剛界曼陀羅から成る真言曼陀羅では、大日如来が宇宙の中心にあり、彼自身が宇宙であるとさえみなされている。南方は中心という概念を交差、すなわち最も多くの因果系列が出会うところと解釈しなおしている。彼によると、最も効果的な謎解き（彼は科学を謎解きの方法だと述べている）方法は、まず特定の問題について謎解きをしようとする時、まず、その問題について、もっとも多くの因果系列の鎖が交差しているところを見つけ出し、次に、その問題と関連している出来事の鎖を一つずつ研究していくことであるという。南方曼陀羅は、自然界と人間界の出来事への全体的（ホーリスティック）アプローチをあらわしているのである』（鶴見和子『南方熊楠・萃点の思想――未来のパラダイム転換に向けて――』藤原書店、二〇〇一年、一二六～一二七頁、傍点は引用者）。

繰り返し言う、私は、ある「存在」を「萃《すい》点」（あつまるところ、又は交差点の意――鶴見和子）とした「曼陀羅」（複雑な歴史の織りなす織物――大塚久雄）を観察していく努力を続けていく。

あとがき

本書の「はじめに」で、私は、「今から三年ほど前に、いつもお世話になっている恩人から一通の手紙が届いた。／その中には、松井に関する新聞記事（その内容については、第1章で扱うことになる）が入っていた。／私は、その内容に、ひどく感動し、それから『松井秀喜』について、調べることを始めた。／というより、本気で考え込むようになった」、と書いた。

その「一通の手紙」の内容は、次のようなものだった。

先日来の豪雨は大変な被害をもたらしたようですね。お見舞い申しあげます。／さて早速ですが八月四日付け東京新聞コピーを同封いたします。（中略）なぜお送りしたかお察しかと思いますが、もし『ヒデキ』をご執筆になられるのであれば、その一助にと考えた次第です。／まったく拘束はありませんが、気分転換になるといいですね。／以上どうぞよろしくお願い申し上げます。

送り主は、日本経済評論社の谷口京延氏である。

「ゴッホの手紙」ではないが、私には「谷口さんの手紙」が「きっかけ」になった。

手紙の日付は「二〇一三年八月五日」となっているから、ちょうど、今から三年前の手紙である。

三年越しの返事（「シノザキの長い手紙」）が、ようやく書けたことになる。

三年前と言えば、私が慣れない職務に、右往左往していた時期と重なる。

もっとも、右往左往しているのは何時ものことで変わらないが、よりひどかったのであろう。

谷口さんには、そう映ったのであろう。

「まったく拘束はありませんが、気分転換になるといいですね」。

今読み返しても、ドキッとする。


このときから、「努力できることが、才能である」という言葉が、私の頭を離れなくなった。

このときから、朝晩毎日一時間ずつ、一行でも、一文字であろうとも、「松井という存在」について、必ず書いたり消したりする「習慣」がついた。

いわば、私流の「日記」となった。

谷口さんからは、色々教えられた。

「こらっ！　シノ！　生意気言ってんじゃねえ！　何が一〇〇万部売れるだと？　テメエの本なんて、一生出さねえから心配すんな！　この馬鹿野郎《バキャ〜ロ》」。

私が院生のころ、「僕が書けば、一〇〇万部売れる」と、ある大学教授に（理由《ワケ》あって）啖呵を切っているところへ、ちょうどやって来たときの、谷口さんの言葉である。

谷口さんが酔って、私にする説教の多くは、私の指導教授であった老川慶喜先生についてのものだった。

「あんたの師匠の老川さんは、どんなに酔っぱらって帰っても、本を開いて勉強してから寝るような人なんだよ」。

「高校の教員をしながら、家庭をもちながら、老川さんは大学院に通って、博士になった、それから大学で教えるようになったんだよ」。

私は、後者の件については実行できなかったが、前者については実行した。

その老川先生からは、この三年間で、何冊もの、先生ご執筆の新刊書が送られてきた。

私の方からは送るものがない。

お礼のメールを出すのが精一杯。

それも少々恥ずかしくなってきた。

やっと一冊送ることができる。

日本経済評論社の栗原哲也社長（当時）に感謝である。

栗原社長の「学問は情熱だ、ともかく頑張れ！」という言葉を、学問の世界に生きる以上、私はずっと大事にしていく。

それから、老川先生の「最終講義」の後、記念パーティーの席上で、社長が「鉄道の大家のゼミからオメェみてーなの（わけのわからない型《タイプ》）が出てきたのは、オモシレー。老川先生《センセ》の努力（忍耐？）というものだな（笑い）」と話されたのも、なぜか嬉しかった。

最後に。

松井秀喜氏に関する「新聞記事」から始まった「努力できることが、才能である」。響く言葉である。

そして、「誠実にして社会に役立つ人間の育成」（一九三二年）、これは松井氏がかつて通った星稜高校を含む、学校法人稲置学園全体（幼稚園〜大学）に通底する「建学の精神」である。同様に、響く言葉である。

私は、この「言葉」の一端を担う金沢星稜大学女子短期大学部の一員に加わることのできた運命に、今感謝している。

星短（Sei-Tan）のみなさん、「学生－教員－事務職員」三位一体となって、これからも頑張ってまいりましょう！

二〇一六年八月五日

――昨年一二月二八日に亡くなった、「昭和ひとケタ生まれ」の、何しろ怖かった父の面影（「ゴジラ」）を、背に感じつつ筆をおく――

篠崎　尚夫

【著者紹介】

篠崎尚夫（しのざき・たかお）

1958年生まれ。

立教大学大学院経済学研究科博士課程単位取得退学、博士（経済学）。

金沢星稜大学経済学部教授を経て、金沢星稜大学女子短期大学部学長。

著書：『日本の経済思想１』（第７章執筆、日本経済評論社、2006年）、『東畑精一の経済思想――協同組合、企業者、そして地域――』（日本経済評論社、2008年）、『東京オリンピックの社会経済史』（第３章執筆、日本経済評論社、2009年）、『鉄道と地域の社会経済史』（編著、日本経済評論社、2013年）。

松井秀喜

2016年10月15日　第１刷発行　定価（本体2800円＋税）

著　者　篠　崎　尚　夫
発行者　柿　﨑　　　均

発行所　株式会社　日本経済評論社
〒101-0051　東京都千代田区神田神保町3-2
電話　03-3230-1661　FAX　03-3265-2993
info8188@nikkeihyo.co.jp
URL:http://www.nikkeihyo.co.jp

装幀＊渡辺美知子　印刷＊文昇堂・製本＊誠製本

乱丁落丁はお取替えいたします。　Printed in Japan

ISBN978-4-8188-2426-3

篠崎尚夫著
東畑精一の経済思想
―協同組合、企業者、そして地域―
A5判　五〇〇〇円

戦後日本の農業近代化と農村問題に貢献し、政府関連の要職を歴任した東畑。戦前からの「柳田・シュンペーター受容」は彼の内面にいかなる影響を与えたか。

篠崎尚夫編著
鉄道と地域の社会経済史
A5判　六〇〇〇円

鉄道と地域が、社会経済すなわち人間の営みを醸すうえでの道具と場になるということを踏まえて、新進気鋭の研究者たちが歴史という名の物語に果敢に挑む。

服部正治・竹本洋編
回想小林昇
四六判　二八〇〇円

経済学の誕生と終焉をみすえ、その思想と人格とを「文体」に結晶させた生涯を多くの知己が語る。

鈴木信雄著
内田義彦論
―ひとつの戦後思想史―
四六判　二八〇〇円

日本社会に蔓延る権威主義に抗して、「自立した個人」の育成と「柔軟で公平な社会」の実現を目指した内田義彦の市民社会思想の核心に迫る。